Franziska Abbing
Maria-Francis van den Berg

W0332276

Franziska Abbing

Maria-Francis van den Berg

Mariannhiller Missionsschwester vom Kostbaren Blut 1935-1976

Märtyrerin
im Bürgerkrieg
von Rhodesien/Simbabwe

MISSIONSVERLAG MARIANNHILL
WÜRZBURG

Inhaltsverzeichnis

Vorwort

Nach langer Überlegung und vorsichtigem Abwägen habe ich die Leitzordner meiner Schwester Elsbeth (Maria-Francis van den Berg CPS) durchforstet, gelesen, überarbeitet – und mit dem Computer erfasst, was mir wichtig schien. Ich fragte mich natürlich auch, wer könnte sich für sie und ihr Lebenswerk interessieren, für eine Ordensfrau, eine Märtyrerin im 20. Jahrhundert, die im fernen Rhodesien (heute: Simbabwe) eines gewaltsamen Todes gestorben ist? Mut machte mir der bekannte Publizist Erich Kock, Autor zahlreicher Sachbücher, Biografien und Kurzgeschichten – auch vieler Filme und Fernsehdokumentationen. Ich lernte Kock anlässlich des Weltjugendtages (WJT) in Köln kennen – und zwar bei der Märtyrerausstellung in Sankt Ursula. »Diese Fragen dürfen Sie gar nicht erst stellen«, sagte er; »fangen Sie einfach an zu schreiben!«

Auf Anregung von Pater Adalbert Ludwig Balling, langjähriger Redakteur des Missionsmagazins Mariannhill sowie der Mariannhiller Kalender und Autor einer ansehnlichen Reihe von Buchpublikationen (mit einer Gesamtauflage von zirka vier Millionen Exemplaren) habe ich schon 2002 ein kurzes Lebensbild meiner Schwester drucken lassen. 2005, zum WJT, wurden Nachdrucke dieses Informationsblattes erstellt: 20.000 in englischer und 5.000 in deutscher Sprache. Sie wurden während des Papstbesuches in Köln an die Jugendlichen verteilt sowie später über die Niederlassungen der Mariannhiller Missionare in aller Welt.

Von Elsbeths ehemaligen Mitschwestern habe ich viele Zuschriften erhalten, und wurde von ihnen immer wieder gebeten und ermutigt, eine Broschüre über meine Schwester herauszugeben – nicht zuletzt, um so mitzuhelfen, diese Blutzeugin im Dienste der Evangelisation besser bekannt zu machen und die Erinnerung an sie zu erhalten.
Vielleicht sollte ich hier noch anmerken: Pater Adalbert hat bereits 2001 einen großen Sammelband[1] über die zehn in Rhodesien (Simbabwe) ermordeten Mariannhiller Missionare herausgegeben. Dieses Werk enthält auch eine ausführliche Biografie meiner Schwester, zu der ich seinerzeit bereits wichtige Unterlagen und Briefdokumente zur Verfügung stellte. Jetzt, in dieser Taschenbuchausgabe, werden weitere Briefe meiner Schwester vorgestellt, aber auch zusätzliche Erinnerungen aus unserer Familie.

Ich veröffentliche dieses Buch zum 30. Todestag meiner Schwester (die am 5. Dezember 1976 ermordet wurde), weil ich glaube, dass Sr. Maria-Francis ein bleibendes Andenken gebührt.
Aus diesem Grund erfolgte auch die Erstellung von Gedenktafeln in unserer Heimatpfarrei St. Antonius Abbas zu Bergisch Gladbach-Herkenrath sowie vor

1 Adalbert Ludwig Balling, "Keine Götter, die Brot essen, sondern Brückenbauer zwischen Schwarz und Weiß", Verlag Mariannhill Würzburg 2001

der (einem afrikanischen Kral nachempfundenen) Rundkirche in Regina Mundi-Mission, Simbabwe.

Franziska Abbing, geb. van den Berg

1.

Kindheit im Bergischen Land

Elternhaus und Geschwister

Meine Schwester Elsbeth (Sr. Maria-Francis van den Berg) wurde am 27. Juni 1935 in Remscheid geboren – als erstes von vier Kindern.
Unsere Mutter, Franziska van den Berg, geb. Lueb (*4.3.1907) stammte aus Niedermörmter am Niederrhein. Ihre Eltern, Heinrich Lueb (*17.10.1866) und Elisabeth Lueb, geb. Kemkes (*19.9.1866), waren ebenfalls in Niedermörmter zur Welt gekommen.
Unser Vater, Antonius Gerhardus van den Berg (*3.12.1898), er wurde in Duiven in der Nähe von

Eltern von Sr. Maria-Francis

Arnheim (Niederlande) geboren und verbrachte dort die ersten Jahre seiner Kindheit. Dann zogen seine Eltern, Vater Hermann Josef van den Berg (*17.11.1863 in Mehr) und Mutter Gerhardine Franziska, geb. Pruys (*3.12.1867, ebenfalls in Mehr) wieder nach Deutschland und bewirtschafteten den Kortenbusch in Mehr bei Kleve. Es war wohl damals üblich, dass man auch mal sein Glück jenseits der eigenen Landesgrenze versuchte, etwa auf einem größeren Gut im benachbarten Holland.
Unsere Eltern heirateten in Köln und wurden von Professor Oberdörfer, Domkapitular und Dompfarrer, am 31. Mai 1932 getraut. Es war wohl eine besondere Ehre, im »hohen Dom« der Rheinmetropole getraut zu werden – dazu noch von einem hochrangigen Prälaten. Wie die Beiden zu dieser Ehre kamen, ist nicht bekannt. Vielleicht war es auch nur Zufall, dass sie gerade vor ihm ihr Eheversprechen gaben: Er war immerhin Chef der Seelsorge am Dom und daher auch für die Trauungen zuständig, die dort vorgenommen wurden.
Ich vermute aber, dass unsere Eltern aus Kostengründen keine (große) Hochzeit feiern und deswegen »still und weit weg vom Dorfleben« heiraten wollten. Aber es war eben doch etwas Besonderes, im Kölner Dom das Sakrament der Ehe empfangen zu dürfen. Vom Niederrhein nach Köln war es damals eine Tagesreise, und somit schon ein kleines Ereignis! Unsere Mutter, die das Zugreisen nur schlecht vertrug, hat uns gelegentlich erzählt, dass es ihr gar nicht gut ging, und dass sie auf der Fahrt nach Köln rich-

tig »seekrank« wurde. Ihr Vater verbrachte übrigens die ersten Tage bei den Jungvermählten, vielleicht auch, um ihnen behilflich zu sein in ihrer neuen Heimat; sie hatten nämlich in Großfrenkhausen (Nähe Dabringhausen) eine kleine Landwirtschaft gekauft und waren eben noch dabei, sich dort zurechtzufinden. Für unseren Großvater war das hügelige Bergische Land etwas Neues; etwas, was ihn der schönen Landschaft wegen in Staunen versetzte. Für ihn, der vom »flachen Land« am Niederrhein kam, muss es fast etwas Überwältigendes gewesen sein, aber er witzelte auch, man könne es noch sehen, dass der Herrgott die Welt in nur sechs Tagen geschaffen habe; denn zum Einebnen der Berge habe es offensichtlich nicht mehr gereicht. Seiner Meinung nach sollten alle Hügel abgetragen werden, um die landwirtschaftliche Bearbeitung zu erleichtern! Als er damals einen Pfahl in die harte Erde rammen wollte, merkte er allerdings, dass er auf Felsen stieß – und sann nicht weiter über seine Einebnungspläne nach.

Da sich das nächstgelegene Krankenhaus in Remscheid befand (und unsere Mutter zuvor schon zwei Fehlgeburten hatte), kam Elsbeth dort zur Welt. Getauft wurde sie eine Woche später, am 4. Juli 1935, von Kaplan Heimers in der Remscheider Pfarrkirche St. Joseph.

Vielleicht sollte ich noch einmal zurückblenden: Unser Vater träumte ursprünglich, noch vor der Hochzeit davon, nach Kanada auszuwandern. Er hatte sich dazu entschlossen, zusammen mit einem

Freund jenseits des Atlantiks eine Großfarm zu bewirtschaften. Der Freund reiste aus, aber Vater blieb am Ende doch zurück – wegen unserer Mutter; sie wäre niemals bereit gewesen, das Leben in der Fremde neu zu beginnen, nicht in Übersee. Und genau das ließ sie unserem Vater vor der Heirat wissen. So kam es denn zum Kauf der Landwirtschaft im Bergischen Land, und Kanada blieb eine Episode im Wunschdenken meines Vaters.

Elsbeth van den Berg

Unsere Eltern verkauften allerdings das Anwesen in Großfrenkhausen wieder, meldeten sich am 4. März 1936 im dortigen Einwohnermeldeamt ab und zogen auf den Kreuzhof in der Obervolbach, ein Teil von Bensberg-Herkenrath, heute Bergisch Gladbach. Lei-

der sind im dortigen Rathaus während des Zweiten Weltkriegs alle Unterlagen verbrannt, sodass uns keine genauen Angaben über die Zeit des Umzugs vorliegen.
In Herkenrath (Obervolbach) bekam Elsbeth noch drei Geschwister, zwei Brüder und eine Schwester: Hubert (*25.1.1938), Franziska (4.3.1940) und Hugo (3.3.1948). Wir – alle vier – besuchten die Katholische Volksschule in Herkenrath, gingen in St. Antonius Abbas (unter Pfarrer Kochs) zur Erstkommunion und empfingen dort auch das Sakrament der Firmung. Elsbeth ging am 25. April 1943 zur Erstkommunion und wurde am 13. Mai 1948 gefirmt.

Die letzten Kriegsjahre
Leben auf dem Bauernhof

Elsbeth war also das älteste von vier Kindern. Wir wuchsen in einer durch und durch christlichen Atmosphäre auf. Unser Elternhaus war das tragende Fundament. Vater und Mutter waren unsere Vorbilder. Wir beteten viel und meistens gemeinsam.
Meine Schwester war von klein auf fleißig und fromm, und immer froh gelaunt, ein von Haus aus glücklicher Mensch! Sie strahlte Einfachheit aus – gepaart mit natürlicher Demut und Bescheidenheit. Es war eine innere Fröhlichkeit; eine Heiterkeit der Seele. Sie lachte gern und war auch für jeden harmlosen Streich zu haben.
Ich erinnere mich noch lebhaft daran, wie viel wir zusammen gesungen haben, vor allem beim Abwaschen.

Manchmal sangen wir im Kanon, aber leider konnten unsere Mutter und der kleine Hugo die Stimme nicht halten. Daher wurde immer wieder neu eingeübt.
Elsbeth spielte das Akkordeon – ohne Noten. Sie war diesbezüglich ein Naturtalent. Auch Theater spielte sie gerne und gut. Wenn es denn sein musste, konnte sie wie auf Kommando weinen oder lachen. Aber sie hatte auch feste Grundsätze und Prinzipien: Niemals verlangte sie etwas von anderen, wozu sie nicht auch selber bereit gewesen wäre. Mich, die kleine Schwester, ermahnte sie mitunter sehr eindringlich, wenn sie mit meinem Verhalten nicht einverstanden war; gleichzeitig war sie aber auch für mich gewissermaßen ein Vorbild. Das heißt natürlich nicht, dass wir Geschwister uns nicht auch gelegentlich gezankt und gestritten hätten! Wir waren eben ganz normale Kinder, wohnten auf dem Dorf und besuchten die Volksschule in Herkenrath. Wenn ein Lehrer krank wurde, dann schickte Rektor Flemm Elsbeth kurzerhand in die verwaiste Klasse, um dort für Ruhe und Ordnung zu sorgen.
Kaplan van der Grinten beschwerte sich anfangs bei Hauptlehrer Flemm, weil Elsbeth beim Unterricht kaum mal aufzeige. Dieser erwiderte: Nehmen Sie die Kleine einfach dran; sie weiß alles, aber das zeigt sie nicht, weil sie scheu und zurückhaltend ist und öffentlich nicht gelobt werden will!
Es waren Kriegs- und Nachkriegsjahre. Für uns Kinder auf dem Lande dennoch eine gute Zeit. Von den politischen Wirren bekamen wir nur am Rande etwas mit; ich jedenfalls war noch viel zu klein, um mir des

Elternhaus »Kreuzhof«

Schlimmen und Schrecklichen bewusst zu werden. Ich weiß aber, dass mein Vater sich längere Zeit im Keller versteckt hielt. Warum wohl, war er krank? Wollte er sich selber vom Dienst vom Volkssturm »freihalten?«

1944, als das Ende des Krieges nahte, hatten wir eines nachts Fliegeralarm; britische Bomber waren auf dem Anflug nach Köln. Sie waren nicht zu übersehen, nicht zu überhören. Da schon im Bett, wurden wir Kinder eiligst geweckt. Dann hieß es, sich schnell anzuziehen und in den Luftschutzkeller zu gehen. Er war aus Natursteinen gemauert, gewölbt – ähnelte einem Weinkeller.

Kaum waren wir dort angelangt, da krachten schon die ersten Bomben. Etwa hundert Meter von unserem

Haus entfernt schlug eine Luftmine hinter unserer Scheune ein. Der Trichter ist heute noch zu sehen. Unser »Polenmädchen« – sie hieß Maria – wollte partout nicht in den Keller gehen. Später rief sie unserem Vater zu: »Papa, komm schnell, ich kann den Himmel sehen!« Sie hatte Recht: Denn wir bewohnten damals ein altes Fachwerkhaus – mit Lehmwänden und einfachen Decken, die durch den von der Bombe verursachten Luftdruck Flügel bekommen hatten.[2] Unsere Nachbarn mussten den Kellerausgang freischaufeln, damit wir wieder ans Tageslicht kommen konnten. Wir haben danach noch lange Zeit im Keller übernachtet – weil wir dort auch sicher waren.
Am nächsten Tag erzählte man uns, dass in der Nachbarschaft, etwa ein Kilometer von uns entfernt, Sohn Aloys während der Nacht von der russischen Front auf Urlaub gekommen sei. Seine Mutter habe ihm voller Freude die Tür geöffnet und das Licht angemacht. Einige Dörfler fragten sich später, ob eventuell ein britischer Pilot das Licht gesehen hatte und daraufhin die Bombe schon vorzeitig, ehe er sich Köln näherte, abgeworfen habe? – Andererseits war auch bekannt, dass im einige Kilometer entfernten Freudental bei Immekeppel eine große Fabrik stand, welche die amerikanischen Militärflugzeuge schon lange suchten. Dort wurden nämlich Werkzeuge bzw. Ersatzteile für die deutsche Luftwaffe hergestellt; ich meine, mich zu erinnern, dass es Dynamos waren.

[2] Nach dem Krieg erhielten wir übrigens von den Amerikanern im Zug des Marshallplans viertausend Mark Wiederaufbauhilfe.

Diese Fabrik lag unten im Tal, war aber durch zahlreiche Bäume und die angrenzenden Wälder gut getarnt.
Ein weiteres Mal hörten wir die feindlichen Flieger kommen, diesmal am helllichten Tag. Elsbeth lief geistesgegenwärtig gleich in den Keller; ich spielte mit meinen Puppen sorglos und unbekümmert weiter. Jetzt hatten es die Amerikaner offensichtlich auf uns abgesehen. Unsere Mutter war gerade beim Kochen, Vater beim Dreschen. Auf dem Platz vor der Scheune stand unser Pferdewagen, mit Korngarben beladen, die gedroschen wurden, daneben Alfons, ein französischer Kriegsgefangener, der uns zugeteilt worden war. Vater schrie: »Alle hinlegen!« Aber Alfons lachte: »Oh, nix! – und schon flogen »Feuerfunken« durch die Luft. Mehrere Granatsplitter trafen den Pferdewagen, einer verletzte Alfons, andere das Pferd. Es wurde schwer verletzt. Wieder andere sausten über Vater und Maria, das »Polenmädchen«, hinweg und trafen die Dreschmaschine. Alfons wurde mit dem Krankenwagen ins Lazarett gebracht, hat aber die schwere Verletzung überlebt. Das Pferd musste notgeschlachtet werden. Alle anderen kamen mit dem Schrecken davon.
Was war passiert? Wie kam es zu diesem Frontalangriff auf unseren Hof? Die Erklärung, die wir später hörten, lautete ungefähr so: Die amerikanischen Piloten machten sich offensichtlich einen Spaß daraus, einzelne Gehöfte und Fuhrwerke zu ihren Zielscheiben auszusuchen. Dass dabei Zivilisten direkt ins Visier genommen wurden, schien ihnen egal zu sein. Sie hatten übrigens auch eine ganze Batterie von klei-

neren Bomben im Wald hinter unserm Haus abgeworfen. Ob gezielt oder aus Versehen, haben wir nie erfahren.
Die aus Polen stammende Maria hat lange bei uns gearbeitet. Sie wurde stets wie wir, wie ein Kind der Familie, behandelt. Auch Alfons hatte sozusagen Familienanschluss, nur abends musste er zum Schlafen ins nahegelegene »Franzosenlager«.
Von unserer Mutter habe ich später erfahren, dass feindliche Tiefflieger auch tagsüber die Bauern auf den Feldern beschossen – oder es auf die gerade geernteten Kartoffeln in den prall gefüllten Jutesäcken abgesehen hatten. Das war psychischer Terror gegenüber der deutschen Zivilbevölkerung.
Diese Tiefflieger nannten die Menschen im Bergischen die »Stukas«.

Es waren schwere Zeiten, aber doch weithin glückliche Jahre für die Kinder

An den Tag, als die Alliierten uns befreiten – es war Anfang 1945 – kann ich mich noch gut erinnern. Bei uns im Wald hatten sich deutsche Soldaten versteckt, die von der Front getürmt waren, was wir aber nicht wussten. Jemand hatte sie an die Amerikaner verraten. Diese zwangen meinen Vater, mit Gewehren im Anschlag, sozusagen als »Kugelfang« vor ihnen herzugehen, als sie den Wald durchsuchten. Die meisten jungen Deutschen wurden völlig überrascht; einige schliefen, andere wuschen sich gerade in einer Quelle.

Zum Glück wehrte sich keiner, als die Amerikaner zu schießen anfingen. Einige wurden verletzt, keiner ernsthaft. Wir Kinder standen hinter den Vorhängen, als der Zug mit den Gefangenen an unserem Haus vorbeikam, die Verletzten auf Bahren tragend.
Die Zeiten damals waren nicht einfach. Armut und Not, wohin man schaute! Wir Kinder liefen viel barfuß, auch um unsere Schuhe zu schonen. Zudem war Barfußlaufen gesund! Wir spielten, sofern wir keine Arbeiten im Haus oder auf dem Hof zu verrichten hatten. Eines Tages, als wir wieder vor dem Haus herumtollten, war Elsbeth plötzlich nicht mehr zu sehen. Wie vom Boden verschluckt! Ehe ich nach ihr suchen konnte, stand Pfarrer Kochs vor mir. Jetzt war mir klar: Elsbeth hatte sich seinetwegen versteckt; sie hatte sich ihrer nackten Füße wegen aus dem Staub gemacht – weil sie sich genierte! Sie war fünf Jahre älter als ich und schämte sich offensichtlich, ohne Strümpfe und Schuhe dazustehen – vor dem hochwürdigen Herrn!
Damals verarbeitete unsere Mutter die von unseren Schafen gewonnene Schurwolle auf ihrem Spinnrad zu herrlicher Strickwolle. Davon strickte uns Elsbeth viele warme Sachen zum Anziehen: dicke Pullover und handfeste Söckchen und Strümpfe. Sie strickte diese auch während des Schulunterrichts, heimlich unter der Bank, ohne hinschauen zu müssen. Eines Tages fragte Hauptlehrer Flemm, was sie denn dann mache, wenn das begonnene Strickwerk fertig sei? Ihre ehrliche Antwort: »Dann fange ich sofort wieder etwas Neues an!«

Elsbeth war eine gute Schülerin. Ihre Zeugnisse sind uns erhalten geblieben. In Führung hatte sie immer sehr gut, in den Hauptfächern Gut; nur im Sport bekam sie Befriedigend. – Nach der Volksschule besuchte sie die Städtische Berufsschule in Bensberg. Auch dort bekam sie ausgezeichnete Noten.
Nach Abschluss der Volksschule half Elsbeth auf dem elterlichen Hof mit. Es gab viel Arbeit, und sie packte überall mit an. Auf einem kleinen Bauernhof war die Arbeit damals noch sehr mühsam. Es gab kaum Maschinen, jedenfalls keine, wie wir sie heute kennen. Die Getreideernte musste weithin noch von Hand bewältigt werden. Das Korn wurde gebündelt, von Hand auf den Pferdewagen geladen und dann nach Hause gekarrt. Klee und Heu wurden im Freien getrocknet, meist mehrmals gewendet und ausgebreitet, dann wieder zusammen geharkt und auf den Heuwagen geladen. – Elsbeth konnte auch recht geschickt mit Pferd und Wagen umgehen; das war ein großer Vorteil!
Beim Rübenhacken war alles noch anstrengender: Die langen Reihen mussten »verdünnt« bzw. gelichtet und vom Unkraut befreit werden, bei jedem Wetter, egal, ob es regnete oder ob die Sonne schutzlos brannte.
Bei der Kartoffelernte im Herbst kam Onkel Heinrich Pollmann von Bärbroich mit der Kartoffel-Ernte-Maschine zu uns und machte, wie wir zu sagen pflegten, für uns die Kartoffeln heraus. Das war eine große Erleichterung! Aber aufklauben mussten wir sie immer noch. Gelegentlich half sogar Hauptlehrer

Flemm samt Familie und andere Nachbarn beim »Kartoffellesen« mit. Jeder, der mithalf, bekam dann seinen Anteil, den er mit nach Hause nehmen durfte. Unsere Mutter hat an solchen Tagen einen großen Topf Erbsensuppe gekocht – und alle, die bei der Kartoffelernte beteiligt waren, durften zulangen und bekamen noch ein Stück selbstgebackenes Brot dazu – alles, während sie noch auf dem Feld waren!
Gute Erinnerungen habe ich auch an unseren Tannenwald. Er befand sich auf dem Berghang, und wenn Bäume gefällt wurden, dann war dies allemal Schwerarbeit. Aber auch das hielt Elsbeth nicht zurück. Mit dem Fuchs, unserem Ackergaul, schleppte sie die einzelnen Stämme, mit einer schweren Eisenkette umgeben, an den Waldrand, von wo sie leichter abtransportiert werden konnten. Dieses Holz wurde später für den Dachstuhl des neuen Elternhauses unseres Vetters in Spork bei Bochold verwendet, unseres Vetters, der übrigens im Juli 1952 als Mitglied der Oblatenpatres zum Priester geweiht wurde. Dort, wo wir die Bäume gefällt hatten, wurde schon bald wieder aufgeforstet – und zwar abermals mit vereinten Kräften. Heute steht dort ein prächtiger Buchenwald.

Bei uns, wie auf den meisten Bauernhöfen damals, gab es viele Tiere: Hühner, Gänse, Enten, Kaninchen, Katzen, Ziegen, Schafe, Schweine und Kühe – und einen exzellenten Wachhund. Fuchs, unseren Ackergaul, habe ich schon erwähnt. Außerdem hatten wir noch ein Pony, welches Ella hieß. All diese Tiere mussten versorgt werden. Wir Kinder übernahmen dabei

schon viele Aufgaben. Das war Arbeit, machte aber auch Freude.
Im Garten wurde gesät, gepflanzt und geerntet, was immer im Haushalt gebraucht wurde. Auch mit Obstbäumen waren wir reichlich eingedeckt. Wir waren, vor allem während und kurz nach dem Krieg, weithin Selbstversorger. Dafür musste hart gearbeitet werden. Aber das hieß nicht, dass wir so viel essen und schlachten durften, wie wir wollten. Die Getreidevorräte wurden staatlicherseits streng überprüft, Eier und Butter waren rationiert, und schlachten durfte man nur mit amtlicher Erlaubnis. Alles wurde kontrolliert und überwacht. Unsere Familie war unter den Nazis als »schwarz« bekannt; daher wurden wir besonders penibel überprüft. Ich erinnere mich noch gut: Einmal war unser Vater sehr traurig; er weinte sogar, weil man ihm einige Kühe einfach weggenommen hat – als »Fleisch für die Front«. Einer der Kontrolleure hatte auf der offiziellen Viehliste herumradiert und eine kleinere Anzahl von Tieren angegeben. Daher hieß es später, wir hätten gemogelt und eben zu viele Kühe im Stall. Und so nahmen sie uns die besten Tiere weg.

Ich möchte nun etwas vorgreifen und auf ein »Ereignis« hinweisen, das Elsbeth ganz persönlich betraf. Als sie Schülerin bei den Mariannhiller Missionsschwestern vom Kostbaren Blut in Neuenbeken war, habe ich sie oft in den Ferien besucht; ich mischte mich einfach unter die anderen Schülerinnen und machte alles mit, was eben so anfiel. Die anderen

Schülerinnen wunderten sich damals darüber, dass wir – Elsbeth und ich – so wenig miteinander sprachen. Unüblich bei jungen Mädchen! Was sie nicht wussten: Wir mussten gar nicht viel miteinander reden. Wir schauten uns nur an, und wussten sofort, was die jeweils andere meinte oder sagen wollte.

Ich kann mich auch noch gut daran erinnern, als Elsbeth in den Schulferien nach Köln kam, wo ich sie am Bahnhof abholte. Wir gingen in den Dom und schlenderten dann noch Hand in Hand durch die Hohe Straße. Wir strahlten vor Glück und Zufriedenheit.

Ein anderes Mal gingen meine Eltern – es war wieder während ihrer Schulferien – mit Elsbeth in den Dom, wo gerade ein feierliches Pontifikalamt von einem schwarzen Bischof aus Afrika zelebriert wurde. Dabei rollten meiner Schwester die Tränen über die Wangen, weil sie nicht alles sehen und mitverfolgen konnte. Jetzt stellte sich heraus, dass sie dringend eine Brille brauchte. Sofort gingen sie zum Optiker, und Elsbeth strahlte wieder in alter Frische.

Primiz unseres Vetters Heinz Döing
Volksmission in Bärbroich

Am sechsten Juli 1952 wurde Heinz, ein Vetter mütterlicherseits, im Bonifatiuskloster zu Hünfeld bei Fulda zum Priester geweiht. Unser Vater fuhr hin und hat die Feierlichkeiten miterlebt. Die Primiz war eine Woche später, am 13. Juli 1952, in Spork bei Bocholt. Ein großes Ereignis für uns alle. Leider war unserer

Mutter vom Autofahren wieder übel geworden; sie musste sich hinlegen und ausruhen. Die Heimfahrt am Abend war ebenfalls ein Desaster; wir hatten eine Reifenpanne.

Als uns der Primiziant einige Wochen später besuchte und bei uns übernachtet hat, stritten Elsbeth und ich darum, wer ihm die Schuhe putzen dürfe. Weil wir uns nicht einigen konnten, fällte Mutter ein salomonisches Urteil: (Pater) Heinz stellt seine Schuhe vor die Tür – und jede von euch darf *einen* Schuh reini-

Elsbeth vor der Kirche Maria Empfängnis in Bärbroich

gen und polieren! – Heinz zeigte uns auch seinen Messkoffer mit dem Kelch, eine Kostbarkeit, die wir mit großer Ehrfurcht betrachtet haben. Berühren durften wir den Kelch nicht.
Ich glaube, der Entschluss unseres Vetters, Ordenspriester zu werden, hatte auch einen gewissen Einfluss auf unsere Familie. Wahrscheinlich geht Elsbeths Wunsch, ins Kloster zu gehen, auf diese Wochen zurück. Damals ließ sie sich neben der Kirche in Bärbroich fotografieren, und zwar direkt vor dem Kreuz mit der Aufschrift »Rette deine Seele«.
1951 war in unserer Nachbarpfarrei »Mariä Empfängnis«, die zu St. Antonius Abbas gehörte, eine Volksmission. Die Patres, die diese Woche abhielten, logierten bei Tante Toni, der Schwester unseres Vaters, auf dem Gut Pollmann in Bärbroich. Elsbeth durfte damals der Tante im Haushalt zur Seite gehen und sorgte so auch mit für das leibliche Wohl der Missionare.

Nach Beendigung der Volksmission stand für Elsbeth praktisch fest, dass sie Missionarin werden wolle. Es war das wohl die tiefgreifendste Entscheidung ihres Lebens überhaupt: Bereit zu sein, in die Afrikamission zu gehen, um dort Gott und den Menschen zu dienen.
Dass mehr als zwei Jahrzehnte später ihr aufopferungsvoller Afrika-Einsatz einmal so abrupt enden und sie dort eines gewaltsamen Todes sterben würde – das konnte niemand voraussehen. Daran hätte auch niemand aus unserer Familie je gedacht.

Mit Pater Steinbach, einem der Missionare, die bei der Volksmission in Bärbroich predigten, korrespondierte Elsbeth noch lange Zeit. Er wird sicher glücklich gewesen sein, dass er einen jungen Menschen für die Mission und den Entschluss, Missionarin zu werden, hatte gewinnen können.

Damit hatte sich Elsbeths »Verhalten« plötzlich verändert: Sie, die stets Fröhliche, wollte der »Welt« Adieu sagen; wollte aussteigen, wollte künftig auf jeden persönlichen Besitz verzichten und nur noch für andere da sein.

Sie fing sofort an, Missionszeitschriften zu verschlingen, ließ sich Prospekte von allen möglichen Ordensgemeinschaften kommen und war in Gedanken weit weg. Jetzt begann sie auch, diverse klösterliche Niederlassungen zu besuchen. Dabei stand ihr unser Vater zur Seite. Er reiste mehrmals mit. Schließlich kam es zur Bahnfahrt nach Neuenbeken bei Paderborn. Der D-Zug hielt allerdings nicht in Neuenbeken, sondern erst im benachbarten Altenbeken, was beiden unbekannt war. So mussten sie wieder ein paar Kilometer zu Fuß zurückgehen, da vorerst kein Bummelzug fuhr. Oder sie hatten das Extrageld sparen wollen!? Elsbeth hatte Blasen an den Füßen, als sie am Ordenshaus eintrafen, aber sie strahlte und war überglücklich.

Unser Vater hat uns später erzählt, weiße Tauben hätten sie unterwegs begleitet – von Alten- nach Neuenbeken; die Vögel seien vor ihnen her geflogen und hätten ihnen so den Weg gewiesen. Für ihn war dies eine geheimnisvolle, aber zeichenhafte Vorahnung, hatte doch auch schon bei der Seherin von Dülmen, der inzwischen seliggesprochenen Anna Katharina Emmerick, eine weiße Taube eine besondere, man möchte sagen gnadenhafte Bedeutung! Seitdem war auch seine Tochter Elsbeth, so hat er es uns oft erzählt, eine »Auserwählte«!

2.

Erste Schritte hinter Klostermauern

Missionsschule in Neuenbeken

»Die heilige Armut macht euch zu Erben und Königen im Reiche Gottes.«
(FRANZ VON ASSISI)

Elsbeth hatte also *ihren* Missionsorden gefunden und sich in voller Freiheit für die Mariannhiller Missionsschwestern vom Kostbaren Blut entschieden. Sie war gerade 17 Jahre alt, als sie im August 1952 in die Missionsschule der Schwestern in Neuenbeken eintrat. Mit Enthusiasmus und Begeisterung ließ sie sich auf dieses Abenteuer ein. Aber schon damals lautete ihr Endziel: Als Missionarin nach Afrika zu gehen und dort den Menschen zu helfen, die Frohbotschaft kennen zu lernen. Die meisten Schülerinnen waren voller Elan und Zukunftsvisionen.
Für meine Schwester war es eine schöne und glückliche Zeit; es war auch eine Zeit des Hineinwachsens in die Mysterien des Glaubens. In der Schule wurden regelmäßig Dramen von William Shakespeare aufgeführt, und zwar fast immer in der englischen Originalsprache.
Aus dieser Zeit (1953) stammt auch ein Gedicht der 18-jährigen zum Muttertag:

Liebe Mutter,
Du hast aus Gottes weiten Fernen
mich an des Lebens Ufer hergefahren.
Aus Dir erwuchs ich auf zu meinen Sternen,
die einst in Deinem Wunsch gebettet waren.
Und ich erblühte, ward Frucht von Deinem Baume;
doch singend warb um mich der Wanderwind.
O, sag, tat ich zuwider Deinem Muttertraume,
dass ich ausflog, wo nicht mehr Deine Hände sind?
Vielleicht wird mich der Wind in alle Welt verwehen;
wir wollen nicht darüber weinen;
denn meine Wurzeln werden stets in Dir noch stehen,
und meine Liebe sucht auch dann noch nach der Deinen.

In den 50-er Jahren war die Neuenbekener Missionsschule noch gut besucht. Die Schülerinnen verstanden sich prima untereinander; die meisten von ihnen hatten das gleiche Ziel, wenngleich nicht alle später dieselben Wege gingen. Jene, die dabeiblieben und aushielten, wurden Freundinnen, die sich auch in den kommenden Jahren und Jahrzehnten verbunden wussten und sich immer wieder mal trafen, vielfach sogar auf den Missionsstationen ferner Länder.

Nach vier Jahren beendete Elsbeth die Missionsschule mit der Abschlussprüfung des »Oxford-Abiturs«. Die Klausurarbeiten wurden versiegelt an die britische Universität geschickt; von dort erhielten die Schülerinnen dann ihre Benotungen.
Jetzt folgten Postulat und Noviziat, die ersten Probezeiten für das künftige Ordensleben. Elsbeth wurde am

Missionsschülerinnen in Neuenbeken Elsbeth: 2. Reihe von oben, 2. von links

15. August 1957 feierlich eingekleidet, mit Habit und Schleier, und zwar zusammen mit neun weiteren Postulantinnen. Nun erhielt sie auch den Klosternamen, den sie sich selber hatte aussuchen dürfen: Schwester (Sr.) Maria-Francis. Ihr besonderer Patron war fortan der heilige Franz von Assisi. Sie verehrte ihn zeitlebens; er war ihr großes Vorbild. Seine Gebete und Meditationen fanden sich denn auch in ihren Unterlagen – mal in deutscher, mal in englischer Sprache. Zum Beispiel das bekannte Friedensgebet des Poverello:

Herr,
mache mich zu einem Werkzeug deines Friedens –
dass ich Liebe übe, wo man mich hasst;
dass ich verzeihe, wo man mich beleidigt;

dass ich versöhne, wo Unfriede und Streit ist;
dass ich die Wahrheit sage, wo der Irrtum herrscht;
dass ich den Glauben bringe, wo der Zweifel drückt;
dass ich Hoffnung wecke, wo Verzweiflung quält;
dass ich dein Licht anzünde, wo die Finsternis regiert;
dass ich Freude künde, wo der Kummer wohnt.
Ach Herr,
lass mich danach trachten –
nicht, dass ich getröstet werde, sondern dass ich andere tröste;
nicht, dass ich verstanden werde, sondern dass ich andere verstehe;
nicht, dass ich geliebt werde, sondern dass ich andere liebe.
Denn wer gibt, der empfängt;
wer sich selbst vergisst, der findet;
wer verzeiht, dem wird verziehen;
wer da stirbt, erwacht zum Ewigen Leben.

In Elsbeths Kladden sowie in ihrem Gebetbuch fanden wir auch mehrmals den Sonnengesang des heiligen Franziskus, jenes Preisgebet, das von ihm verfasst wurde, als er im Kloster St. Damiano krank darniederlag. Wir bringen den Text in der Übersetzung von Romano Guardini:

Du, höchster, allvermögender und guter Herr!
Dein sind die Preisungen, die Glorie
und die Ehre – und alle Benedeiungen.
Dir allein kommen sie zu,
und kein Mensch ist würdig, dich zu nennen.

Gelobt seist du, Herre mein,
mit all deinen Geschöpfen –
vornehmlich durch die Herrin, die Schwester Sonne,
die uns zieret und uns erhellt durch ihr Licht.
Schön ist sie und strahlend mit großem Glanz.
Von dir, du Höchster, trägt sie das Gleichnisbild.

Gelobt seist du, Herre mein,
durch den Bruder, den Wind, und durch die Luft,
durch Gewölk und Klarheit und alles Wetter,
durch welche du deinen Geschöpfen gibst die Erhaltung.

Gelobt seist du, Herre mein,
durch die Schwester, das Wasser,
als welches gar sehr nützlich ist
und demütig und kostbar und keusch.

Gelobt seist du, Herre mein
durch den Bruder, das Feuer,
als durch den du uns erleuchtest die Nacht,
und er ist schön und freudig und gewaltig und stark.

Gelobt seist du, Herre mein,
durch unsere Schwester, die Mutter Erde,
als welche uns erhält und versorgt
und hervorbringt Früchte
und vielfarbene Blumen und Kräuter.

Gelobt seist du, Herre mein,
durch jene, die verzeihen aus Liebe zu dir
und ertragen Gebrest und Trübsal.

Selig jene, die es ertragen in Frieden,
denn von dir, o Höchster, werden sie gekrönt.

Gelobt seist du, Herre mein,
durch unsern Bruder, den leiblichen Tod,
vor welchem keiner der lebenden Menschen mag
entrinnen.
Wehe denen, die sterben in tödlicher Sünde,
und selig jene, so erfunden sind
in deinem allerheiligsten Willen.
Denn der Tod, der zweite, wird ihnen Böses nicht tun.

Lobet und benedeiet meinen Herrn
und saget Dank, ihr Geschöpfe all
und dienet ihm mit großer Demut.

Die Einkleidungsfeier war übrigens eine sehr schöne und ergreifende: Die zehn »Gottesbräute« standen vor dem Altar, ein hinreißender Anblick auch für uns Verwandte.

Wir waren zu Tränen gerührt. Es herrschte eine feierliche Stimmung – wie bei einer Hochzeit. In der Aula wurde nach der kirchlichen Zeremonie das Mahl eingenommen – alle gemeinsam. Wir durften im Kloster übernachten, aber diesmal getrennt: Die Männer waren ausquartiert in ein kleines Haus am Ende des Klostergartens, das von den Schülerinnen scherzhaft »Männerasyl« genannt wurde.

Die zehn »Gottesbräute«: Sr. Maria-Francis obere Reihe, 2. von rechts

Unsere Heimreise, abermals mit der Bahn, war für unsere Mutter wieder eine Qual; es ging ihr so schlecht, dass sie in Köln nicht einmal mehr die Straßenbahn zu besteigen wagte. Ich bin daher mit ihr vom Deutzer Bahnhof zu Fuß nach Hause gelaufen, bis Köln-Brück.

Nach dem Noviziatsjahr legte Sr. Francis die Erste Ordensprofess ab an Mariä Himmelfahrt 1958. Anschließend schickte man sie mit noch drei weiteren jungen Schwestern auf das Goldsmith-College in London, um dort das englische Lehrerdiplom zu machen. Meine Schwester war nämlich für die Rhodesien-Mission bestimmt. Dort, im heutigen Simbabwe, war Englisch die Sprache der »herrschenden weißen Oberschicht«, die zwar die britische Kolonie in einer Art Selbstregierung verwaltete, aber von den

Lehrern und Lehrerinnen der Oberschulen und Gymnasien grundsätzlich englische Diplome verlangte; deutsche wurden nicht anerkannt.
Als damals eine unserer Nachbarinnen im Dorf von den Afrikaträumen meiner Schwester erfuhr, sagte sie zu ihr: »Aber Elsbeth, bleib doch hier! Was willst du denn bei den Wilden? Die bringen dich doch nur um!« – Sie aber, Sr. Francis, lachte nur – und freute sich schon auf ihren Einsatz im südlichen Afrika.

Aussendung in die Afrikamission

Im August 1959 ging für meine Schwester endlich ein lang gehegter Traum in Erfüllung. – nach einer ergreifenden Aussendungsfeier am 16. August im Mutterhaus der Schwestern in Heilig Blut bei Aarle Rixtel in den Niederlanden, an der auch unser Vetter Pater Heinz Döing aus Spork und ich teilnehmen konnten. Elsbeth strahlte vor Freude; sie war überglücklich.
Zeitweise dachte ich damals selber daran, ihren Fußstapfen zu folgen. Aber Heinz mahnte mich, nichts zu überstürzen, sondern mir Zeit zu lassen und alles noch einmal zu prüfen. – Ich entschloss mich anders. Heute, fast 50 Jahre später, bin ich sicher, ich hätte es auch geschafft. Aber vielleicht war mein Weg doch ein anderer. Denn für unseren Vater wäre es noch schwerer geworden, gleich zwei Töchter abgeben zu müssen. Ich heiratete, wurde Mutter von vier Kindern und war so in der Lage, später auch meiner Mutter in ihrem Alter beistehen zu können.

Unserem Vater fiel der Abschied von seiner geliebten Elsbeth sehr schwer; es brach ihm fast das Herz. Deswegen wollte er auch an der Aussendungsfeier in Holland erst gar nicht teilnehmen. Gewiss war er glücklich darüber, dass seine Tochter »Nonne« wurde, aber ihr Abschied von der Heimat erfüllte ihn mit tiefer Trauer; er ahnte wohl auch, dass er Elsbeth nie mehr wiedersehen würde.

Zum Abschied sandte Sr. Francis an ihre Lieben zu Hause ein Gedicht mit – wie es damals üblich war – sich reimenden Versen. Von gehobener Literatur kann man gewiss nicht sprechen, aber der Inhalt trifft doch die Stimmung und die seelische Atmosphäre der jungen Afrikafahrerin:

Wer weiß, wo noch ein Brünnlein quillt, / woraus ich trinken werde?

Vielleicht, wenn du, mein Gott, so willst, / quillt es aus fremder Erde.

Denn du, mein Gott, du gehst gar oft / mit uns gar fremde Straßen

und führest uns ganz unverhofft / hinweg, wo wir einst saßen.

Wer weiß das Haus, wer weiß den Raum, / die sich für mich noch schicken?

Wer weiß den Garten und den Baum, / die mich fortan erquicken?

O Herregott, das weißt nur du, / dir ist es nicht verborgen.

Drum weicht, ihr Sorgen, lasst mir Ruh, Gott wird mich wohl versorgen.

Ich weiß nicht, wann der Abend kommt. / Ich weiß nicht, was der Erde frommt.

Ich weiß nur, dass das Stillesein / gut ist, und schicke mich darein.

Aufbruch ins südliche Afrika

Unser Vater hatte immer schreckliche Angst vorm Fliegen; Flugzeuge waren ihm verdächtig. So wünschte er denn auch, dass seiner Tochter dieses moderne Verkehrsmittel erspart bliebe. Sie nahm das Schiff, von Genua aus durch das Mittelmeer und den Suezkanal bis an die Ostküste des südlichen Afrika.

Davor die Bahnfahrt: Von Heilig Blut in den Niederlanden quer durch Europa – über Köln, wo sie dem Vater Rhein bei der Überfahrt über die Hohenzollerbrücke vom fahrenden Zug aus einen Blumenstrauß zuwarf – weiter bis nach Italien.

Unsere Eltern hatten in der Zwischenzeit, während Elsbeth schon in Neuenbeken war, den Hof verkauft und waren nach Köln-Brück gezogen. So konnten wir drei jüngeren Kinder, die zunächst noch zu Hause waren, je eigene Berufe erlernen, denn auf dem Bauernhof wäre dies kaum möglich geworden.

Durch unseren Umzug in die Domstadt fühlte sich meine Schwester schon bald als echte »Kölnerin«. Sie war sichtlich stolz darauf und mühte sich auch ernsthaft um die kölsche Mundart, die sie mit »ons hillig Kölle« noch enger verband. So würde es ihr auch leichter fallen, witzelten wir Zurückgebliebenen, den

»kleinen Negerlein« auf dem Globus ihre Heimatstadt zu zeigen.
Die Bahn brachte also die Jungmissionarin direkt nach Genua. Von dort fuhr sie mit dem britischen Dampfer »Kenya Castle« durch das Mittelmeer, an der Sinai-Halbinsel vorbei und übers Rote Meer zum Indischen Ozean.
Die Seekrankheit blieb ihr nicht erspart. Der Ozeanriese wurde wie eine Nussschale hin- und hergeworfen. Zahlreiche Passagiere litten große Not, unter ihnen auch die junge Missionsschwester Margit, mit der zusammen Sr. Francis die Küste von Mosambik anstrebte. Davor wurden mehrere andere Seehäfen angefahren, zum Beispiel Aden (Jemen) am 10. September; Mombasa in Kenia am 17.; die Insel Sansibar am 21. und Daressalam am 22. desselben Monats.
Dann folgte Beira am 26. September, und damit die Endstation für die Missionsschwestern. In der damals noch portugiesischen Hafenstadt (heute: Mosambik) bestiegen sie einen Bummelzug und fuhren drei Tage lang, bis sie die Bischofsstadt Bulawayo erreichten, damals wie heute die zweitgrößte Metropole des Landes.

3.

Die Missionare von Mariannhill

Gründerabt Franz Pfanner
Stifter der Schwesterngemeinschaft

Die Kongregation der Missionare von Mariannhill ist eine moderne Ordensgemeinschaft, die nach der ehemaligen Trappistenabtei Mariannhill (Mary Anne Hill; Maria Anna Hügel) bei Durban in Südafrika benannt ist. Gründerabt des »Monastery« und heutigen Missionszentrums war Pater Franz (Wendelin) Pfanner, ein gebürtiger Vorarlberger aus Langen-Hub im Bregenzer Wald. Er ist auch der Stiftervater der Mariannhiller Missionsschwestern vom Kostbaren Blut, denen sich Sr. Francis angeschlossen hat.

Pfanner[3] wurde am 20. September 1825 geboren, studierte in Feldkirch, Innsbruck, Padua und Brixen und wurde 1850 zum Priester geweiht. Die ersten dreizehn Jahre seines priesterlichen Wirkens verbrachte er im heimatlichen Haselstauden, heute ein Teil von Dornbirn (Vorarlberg), und als Schwestern- und Gefängnisseelsorger in Agram, heute Zagreb, die Hauptstadt des unabhängigen Kroatien.

[3] Vgl. Adalbert Ludwig Balling, »Der Trommler Gottes / Ordensgründer und Rebell«, Herder Freiburg 1981; TB Herder Freiburg 1984. Ders. »Abenteurer in der Kutte«, Mariannhill Würzburg, 5. Auflage 1998

Weil er schon in jungen Jahren kränkelte und mit seinem frühen Tod rechnete, wollte er die wenigen ihm noch verbleibenden Jahre, wie er meinte, hinter Klostermauern verbringen. Deshalb trat er 1863 – nach zwei ausgiebigen Pilgerreisen, die ihn nach Rom und ins Heilige Land geführt hatten – bei den Trappisten in Mariawald / Eifel ein und nannte sich fortan Pater Franz. (Wendelin war sein Taufname!)

Nur wenige Jahre später schickte man ihn zur Gründung eines neuen Klosters auf den Balkan. 1869 wurde der Grundstein gelegt für die Trappistenabtei Mariastern bei Banjaluka im damals noch türkischen Bosnien-Herzegowina. Pfanner wurde Prior der Neugründung, doch zehn Jahre später (1879) meldete er sich auf Bitten des irischen Missionsbischofs Ricards, nach Südafrika, ans Kap der Guten Hoffnung, zu ziehen und auch dort, im »Heidenland«, wie man damals zu sagen pflegte, ein beschauliches Kloster zu errichten.

Also fuhr Pfanner – mit 30 seiner Mariasterner Mönche und einem Laien, einem Buchdrucker – gen Süden. Der erste Versuch schlug fehl. Das vom Bischof angewiesene und den Mönchen überlassene Gelände eignete sich denkbar schlecht für eine klösterliche Musterfarm; es lag in einer Halbwüste, und der nötige Regen für die vor allem Landwirtschaft betreibenden Trappisten blieb völlig aus. Daher wies der Vorarlberger seine Mönche an, samt Sack und Pack nach Natal zu ziehen (heute: KwaZulu-Natal) und sich dort nach einem günstigeren Standort für eine Neugründung umzusehen. Am 26. Dezember

1882 kam es zur Gründung des Klosters Mariannhill; drei Jahre später (1885) wurde es Abtei, mit zirka 100 Mönchen und Pfanner als erstem Abt.
Noch im gleichen Jahr rief der Abt junge Frauen in die Südafrikamission; das war der Anfang der von ihm in den folgenden Jahren gegründeten Gemeinschaft der Mariannhiller Missionsschwestern vom Kostbaren Blut, deren Konstitutionen (»Klosterregeln«) am 2. Oktober 1906 von Papst Pius X. bestätigt wurden.

Mariannhill wuchs und gedieh; binnen weniger Jahre kamen zahlreiche Außenstationen dazu. Die beschaulichen Mönche, die zunächst »nur« durch ihr Vorbild, nicht durch Seelsorge oder Sozialarbeit, auf die umwohnende afrikanische Bevölkerung einwirken wollten, wurden von Seiten der schwarzen Häuptlinge quasi gezwungen, aktive Seelsorge zu betreiben. Ein ganzer Kranz von nahezu selbständigen Missionszentren entstand – mit so typisch deutschen bzw. österreichischen Namen wie: Reichenau (1886); Einsiedeln, Loreto, Mariathal und Oetting (1887); Kevelaer, Lourdes, Rankweil und Centocow (1888); Ratschitz (1890) u. a. Die Klostergebäude und Kirchen wurden fast ausnahmslos unter der Leitung von Bruder Nivard Streicher errichtet, natürlich in enger Zusammenarbeit und Planung mit dem Abt.
Weil das von den Mönchen angestrebte kontemplative Leben sich nur schwer und auf Dauer mit dem aktiven pastoralen Einsatz vertrug, kam es alsbald zu Schwierigkeiten und Problemen, die am Ende zur

Trennung Mariannhills und seiner zahlreichen Außenstationen vom Ordensverband der Trappisten führte.
Begonnen hatten die Probleme bereits 1892 mit der auf ein Jahr verfügten Suspension Pfanners als Abt der Missionszentrale. Ein Jahr später verzichtete er auf sein Amt – nicht zuletzt um des Friedens willen, auch um den Zwiespalt zwischen dem strengen Ordensideal der beschaulichen Mönche und dem der aktiven Missionare zu entschärfen. Abt Franz zog sich auf seinen »Alterssitz« Emaus zurück und sorgte sich künftig umso intensiver um seine Schwestern und ihre Gemeinschaft (CPS – d.h. Congregatio Pretiosi Sanguinis; Kongregation vom Kostbaren Blut). Als er starb, am 24. Mai 1909, erhob Papst Pius X. die südafrikanischen Gründungen Pfanners zu einer selbständigen Missionsgemeinschaft, der bereits oben erwähnten Kongregation der Missionare von Mariannhill (CMM).

Heute beten und arbeiten (immer noch im Einklang mit dem Motto des heiligen Benedikt: Ora et labora) die Mariannhiller Patres, Brüder und Schwestern sowie die mit ihnen kooperierenden Missionsärzte in Südafrika, Botswana, Simbabwe, Mosambik, Sambia, Kenia, Sudan, Korea, Papua Neuguinea, Kanada und in den USA sowie in mehreren Ländern Europas: Deutschland, Österreich, Schweiz, Spanien, Niederlande, Polen, Rumänien und Italien.
Das von Franz Wendelin Pfanner begonnene Missionswerk hat inzwischen in einigen Ländern der

Dritten Welt echte Wurzeln geschlagen – so sehr sogar, dass mittlerweile die meisten Ordensberufe dieser beiden Gemeinschaften heute aus den Ländern kommen, wo der Vorarlberger und seine Nonnen und Mönche einst den Grundstein dazu gelegt haben.
Soviel Mariannhiller Historie zum besseren Verständnis des weiteren Werdegangs von Sr. Francis (Elsbeth) van den Berg.

4.

Mit dem Ozeandampfer nach Ostafrika

Tagebuchnotizen der Jungmissionarin

Briefe[4] *an die Lieben zu Hause*

5. September 1959
Meine Lieben! Von unserem schwimmenden Schiff, der *Kenya Castle*, sende ich Euch Grüße übers blaue Meer. Wir sind zwar noch auf europäischen Gewässern, aber vom Festland ist nichts mehr zu sehen. So eine schöne Fahrt empfehle ich Euch allen. Bevor sie aber Wirklichkeit wird, könnt Ihr doch wenigstens meine Reise mit diesem Bericht verfolgen. (Aber beginnen wir von vorne, mit der Abreise in Holland!)

Am 30. August abends um 8.00 Uhr standen wir noch umringt von unseren Mitschwestern vor der Klosterpforte. Gute Ratschläge greiser Missionarinnen, wie man Sonnenbrand behandeln müsse usw. sowie Segenswünsche aller Art drangen von allen Seiten auf

[4] Die Briefberichte, ursprünglich für die Verwandten und Mitschwestern in Deutschland geschrieben, wurden später zum großen Teil auch im Missionsmagazin der Mariannhiller veröffentlicht. Das wusste Sr. Francis offensichtlich und schrieb daher ihre relativ ausführlichen Tagebuchnotizen von Anfang an für eine größere Lesergemeinde.

uns ein. Endlich kam dann der bestellte Bus (unser Klosterauto war nämlich zu klein), der uns Auswanderer dem Lande der Sehnsucht ein wenig näher bringen sollte. Noch einmal reichte uns die Würdige Mutter die Hand, und der Bus bahnte sich den Weg durch die Spalier stehenden, die Straße blockierenden Mitschwestern. Sr. Oberin und zwei weitere Schwestern begleiteten uns bis nach Eindhoven, um uns beim Verstauen des Gepäcks behilflich zu sein. Zum Glück hatten wir reservierte Plätze, sonst hätte der »Austria Express« uns nur noch Stehplätze anbieten können. Um 9.00 Uhr abends donnerte der Zug der deutschen Grenze entgegen. Nach zwei Stunden begrüßten uns die Türme des Heiligen Köln. Die Domglocken läuteten wohl deshalb nicht, weil sie die Kölner nicht stören wollten, denn es war fast schon Mitternacht. Zum Abschied habe ich Vater Rhein einen Blumenstrauß präsentiert, den ich aus dem Mutterhaus in Holland mitgenommen hatte. In Deutz sandte ich noch einmal Grüße in Richtung Brück – und weiter ging es durch das schöne Rheintal. Leider war es stockfinster. So konnten uns nur unsere geographischen Kenntnisse das schöne Landschaftsbild vor Augen stellen. Unser Express fand es nicht nötig, in der Bundeshauptstadt[5] zu halten, sondern raste durch bis Koblenz. Weiter ging es über Mainz, Mannheim, Karlsruhe und Freiburg nach Basel. Immer mehr Reisende drängten sich in den Zug. Unser Abteil glich einem Heringsfass. So eng aneinander

[5] Bonn, damals noch Hauptstadt von Westdeutschland

gepresst waren wir: Mutter Theodora, Provinzoberin in Rhodesien, Sr. Wilfriedis, Leiterin eines Lehrerseminars, Sr. Margit und ich – also vier Mariannhiller Schwestern vom Kostbaren Blut. Ferner eine Rotkreuz-Schwester, sehr gesprächig, eine Weltdame – vielleicht aus Hollywood, ein schlafender Herr, der von Zeit zu Zeit seine Beine streckte, und ein Hochwürden aus der Nachkommenschaft des Riesen Goliath, denn von der Schulter an aufwärts überragte er alle. Hinzu kamen noch sieben bleischwere Koffer und zehn Taschen – das Reisegepäck von uns vier Schwestern! Die anderen Passagiere hatten ihre Sachen vor der Tür stehen lassen müssen.
Die Unterhaltung war sehr lebhaft. Gesprächsstoff bildeten Löwen, Krokodile, Bananen und Sandflöhe. Die Fragen der Mitreisenden wurden immer naiver und dümmer. Ich merkte, wie meine Mitschwestern nacheinander einschliefen, wohl absichtlich, und ich folgte ihrem Beispiel. Hochwürden verließ das Abteil und stellte sich in den Flur. Ein langer Schlaf war uns nicht vergönnt; denn die Schweizer Passkontrolle schreckte uns auf, gefolgt von den Zollbeamten. Wie schon so oft, kamen wir auch jetzt wieder mit unseren ehrlichen Gesichtern (ungeschoren) durch. Auf die Frage, wohin wir denn reisen wollten, gaben wir zur Antwort: *Nach Afrika.* Der Zöllner schaute uns entgeistert an, wiederholte: *Nach Afrika!* und verschwand auf Nimmerwiedersehen.

Die Natur erwachte wieder. Majestätisch stieg die Sonne hinter den Bergen herauf. Die Gelegenheit, einen Sonnenaufgang in der Schweiz zu beobachten, durften wir nicht verschlafen. Die Landschaft war unbeschreiblich schön. Je weiter wir in das Land hineinfuhren, umso höher wurden die Berge. Manche Gipfel ragten über die Wolken und waren mit Schnee bedeckt. Unzählige Sturzbäche, Quell- und Nebenflüsschen des Rheins, stürzten von den Bergen.

Wenn Ihr mich jetzt fragt, ob wir auch über den St. Gotthard gefahren sind, so kann ich Euch nur dieselbe Antwort geben, die Tünnes und Schäl dem Heiligen Vater auf die gleiche Frage gegeben haben, als sie mit ihrem neuen Motorrad in Rom waren: *Wir haben unterwegs drei (Kerle) überfahren, aber ob der St. Gotthard dabei war, wissen wir nicht!*

Schon bald fesselte uns der Vierwaldstätter See mit seinem Zauber. Über Luzern ging es nach Bellinzona. Hier beginnt die italienische Schweiz. Die nächsten Stationen waren Lugano, Mailand und Genua, unser Endziel. Man sah schon bald, dass die Italiener keine besonderen Liebhaber von Sauberkeit sind.

Auf dem Bahnsteig in Genua erlebten wir unsere erste Enttäuschung. Wir glaubten, in aller Welt verstehe man Englisch. Doch da man weder Deutsch noch Englisch sprach, mussten wir in unserer lateinischen Schublade die nötigen Wörter suchen. Wir hängten überall ein »o« oder ein »i« dran, damit es italienischer klänge. Das Fehlende haben wir durch Gesten und Zeichen ersetzt. Die Eigentümerin eines Hotels, wo wir angemeldet waren, sprach perfekt Deutsch. Da waren wir frei von allen Sorgen – nach 21 Stunden Bahnfahrt.

Jetzt erfuhren wir, das Schiff würde erst am zweiten September abfahren; wir hatten also einen Tag und zwei Nächte, um Genua anzuschauen, den Geburtsort des Columbus, heute eine Großstadt mit rund 800 000 Einwohnern. Unser Hotel lag in der berühmten Via Garibaldi. Die Häuser (der Innenstadt) sind vier, fünf Stockwerke hoch, aber die Gassen sind kaum breiter als ein bis eineinhalb Meter. Überall stehen Verkäufer mit ihren Buden, hauptsächlich Fischbuden. Mittelalterliche Kirchen und Paläste aus dem 16. Jahrhundert bilden eine Abwechslung in der Architektur. Auf den Straßen treibt sich viel Gesindel herum, denn der Prozentsatz der Arbeitslosen ist sehr hoch. Es gab also Abwechslung genug, und die Zeit verging viel zu schnell. Wir zwei jungen Schwestern hatten nicht vor, die letzte Nacht auf europäischem Festland zu verschlafen; die beiden »Afrikanerinnen« zogen es jedoch vor, sich von der anstrengenden Bahnfahrt auszuruhen. Wir hatten zu viert ein Zimmer, und weil wir »Jungen« nicht schlafen konnten, gab uns Mutter Theodora ein Schlafmittel, aber ohne Erfolg. Beim Mondschein standen wir auf und nähten die Strümpfe von Sr. Wilfriedis zu. Ich hatte ihr zuvor schon eine Bürste ins Bett gelegt, aber sie tat so, als merkte sie nichts. Als sie meinte, ich sei eingeschlafen, stand sie auf, um mir mit der Bürste das Gesicht zu polieren, was ihr (zu ihrem Leidwesen!) misslang, da ich sie kommen sah... – Das war also unsere letzte Nacht in Genua. Am zweiten September schifften wir uns ein. Die *Kenya Castle* ist ein englisches Schiff; es befinden sich 720 Passagiere an Bord – und 260 Männer und Frauen, die zur Schiffsmannschaft gehören. Der Dampfer ist in London abgefahren (um Frankreich und Spanien herum, über Gibraltar nach Genua) und ist jetzt auf dem Weg übers Mittelmeer, dann weiter durch den Suezkanal und die Ostküste Afrikas entlang bis zur Südspitze Afrikas, von dort, die Westküste hoch, wieder zurück nach England.

Wir leben wie auf einem Schloss. Wir werden, je nach Wunsch, geweckt. Früh wird das Bett gemacht und abends wieder aufgedeckt; dazwischen wird die Kabine gereinigt. Um die Speisekarte zu studieren, braucht man zehn Minuten, so groß ist die Auswahl. Namen wie Schildkröten- und Ochsenschwanzsuppe können wir noch übersetzen, aber um die vielen anderen Namen von Speisen zu verstehen, müsste man Französisch können. Jedenfalls haben wir viel Spaß dabei, auch wenn wir uns oft blamieren. Mit Musik wird man zu den Mahlzeiten eingeladen, und muss nicht einmal den Stuhl rücken, ehe man sich setzt; das besorgt die Bedienung. Jeder Passagier hat seinen ihm angewiesenen Platz. Uns Schwestern hat man zwischen zwei kinderreiche Familien platziert, wahrscheinlich um deren Lärm zu dämpfen.

Tagsüber gibt es Eiscreme soviel man will, kostenlos. Sogar Briefpapier wird gratis zur Verfügung gestellt. Wir werden richtig verwöhnt. Schließlich kann man alles haben, was eine Stadt zu bieten hat: Fernsehen, Filme, Konzerte, Tanzabende, Sportplätze, Schwimmbecken usw.

Außer uns sind noch einige Deutsche an Bord. Eine Dame aus Berlin, die kein Englisch spricht und sich

Zuflucht suchend an uns klammert. Ferner eine Kölnerin, die ganz Deutschland blamiert: In ihrer Kabine tobt und schimpft sie lauthals, sodass sich andere Passagiere über sie beschweren. Ist sie aus Bequemlichkeit zu spät aufgestanden und hat somit das Frühstück verpasst, dann rennt sie in den Speisesaal und schreit, man würde immer noch merken, dass England und Deutschland sich einst bekämpft hätten. Ich glaube, wenn sie sich nicht zusammenreißt, wird man sie irgendwo unterwegs an Land setzen.
Wir sind übrigens nicht die einzigen »Schwarzen« auf dem Dampfer. Es gibt noch zwei weitere Ordensfrauen, eine Engländerin und eine Goanesin. Beide verlassen in Tanga[6] das Schiff. Weil auch neun Patres mitreisen – acht zum ersten Mal auf Afrikafahrt – haben wir täglich neun heilige Messen.

An Korsika vorbei, übers Mittel- zum Roten Meer

6. September 1959
Heute sind wir schon vier Tage auf dem Schiff. Das Meer ist dunkelblau, wie Tinte. Von Zeit zu Zeit lassen sich Fische sehen. Sie springen lustig aus dem Wasser und verschwinden dann wieder. Wir haben Korsika, die Geburtsinsel Napoleons passiert und sind an Sardinien vorbeigefahren, dann durch die Straße von Messina, die Italien von Sizilien trennt. Frühaufsteher haben uns berichtet, sie hätten den

6 Im heutigen Tansania, ehedem »Deutsch-Ostafrika«

Ätna gesehen, den größten Vulkan Europas, der von Zeit zu Zeit glühende Lava gespuckt habe. Die Inseln Malta und Kreta sahen wir nur in der Ferne.
Der Wellengang war bisher ziemlich ruhig. Allerdings letzte Nacht wurde es stürmischer. Nur mit Müh und Not konnte ich die steile Leiter zu meinem Kabinenbett emporklimmen. Nachts musste ich mich festhalten, um nicht herunterzufallen. Aber trotzdem war's schauerlich schön!
Solange die Koffer nicht von einer Ecke in die andere rutschen, können wir noch nicht von Sturm reden. Ich warte gespannt auf einen höheren Wellengang. Meine Provinzoberin sagt, sie würde mich am liebsten um Kapstadt herum schicken, dann verginge mir schon das Verlangen nach stürmischen Tagen. Ich jedenfalls empfinde es schön, geschaukelt zu werden! Gegen Abend konnte man sich auf dem Schiff nicht mehr bewegen, ohne sich irgendwo anzuhalten. Auf Deck fanden wir auch schon die ersten Opfer der Seekrankheit. Man sagt uns, auf dem Indischen Ozean würde es noch stürmischer; dann würde mein Wunsch (nach mehr Schiffschaukeln) schon noch erfüllt!
Die Farbe des Wassers hat sich in grün verwandelt; allmählich wird es schmutzig braun; wir nähern uns dem Land. In der Ferne sieht man die Küste Nordafrikas. Unsere Herzen schlagen schneller. Es ist jetzt 3.00 Uhr. Um 4.00 Uhr sollen wir in Port Said (Ägypten) ankommen, aber erst um Mitternacht in den Suezkanal einfahren. Schon können wir Palmenhaine erkennen. Auf Deck wird es unruhig. Einige Passa-

giere machen sich reisefertig, denn von hier aus kann man einen Abstecher nach Kairo machen – und einen oder zwei Tage später in Suez wieder zusteigen. Sobald wir in den Hafen einlaufen, müssen alle Kabinen abgeschlossen werden; es soll manchmal unwillkommene Besucher geben!

Wir kommen planmäßig in Port Said an – und schon wird unser Schiff von »fliegenden Händlern« umlagert. Wir zählen 64 Boote, alle schwer beladen mit buntem Kram: Souvenirs, Teppiche, Schuhe, Koffer, Ledertaschen, Spielsachen usw. Weil die Händler das Schiff nicht betreten dürfen, werden ihre Waren an einem Strick hochgezogen; auf gleichem Weg geht das Geld hinunter. Dabei wird viel geschrieen und gestikuliert, sodass man sich am liebsten die Ohren zuhalten möchte.

Die Waren werden von Stunde zu Stunde billiger. Es ist höchst interessant, dem Sprachengewirr zuzuhören. Man glaubt, in Babel zu sein. Die (ägyptischen) Händler reden eine Mischung aus Englisch, Französisch, Italienisch, Arabisch und Kisuaheli. Am meisten amüsieren sich die Passagiere über die Namen, die ihnen zugerufen werden: *Miss Kenya, Mr. Whisky* – und so weiter. Die Händler sind schon ganz heiser vom vielen Schreien. Sie werden nicht eher verschwinden, bis das Schiff abfährt.

Vom Dampfer aus macht die Stadt einen recht sauberen Eindruck: Die hellen hohen Häuser mit flachen Dächern, umgeben von grünen Palmen, bieten einen schönen Anblick. Port Said hat an die 180 000 Einwohner, davon sind 20 000 Europäer. Kairo ist 149

Kilometer entfernt; mit dem Flugzeug könnte man in 45 Minuten dort sein. Wir Schwestern bleiben aber an Bord; wir wollen die Fahrt durch den Kanal nicht verschlafen.

Natürlich war der Geist willig, aber das Fleisch war schwach! Ich wollte im Liegestuhl die (mitternächtliche) Abfahrt abwarten, aber die Müdigkeit war stärker. Das aus Hamburg kommende Schiff *Julius Schindler* – mit deutschen Matrosen an Bord – habe ich noch gesehen, nicht mehr die *Bremen*. Als man mich um 1.15 Uhr weckte, hatten wir Port Said schon weit hinter uns gelassen. Ich bin schnell zurück in meine Kabine gekrochen...

Der Suezkanal ist 101 Meilen lang und 400 – 500 Fuß breit; er hat eine Tiefe von etwa 40 Fuß. Die Fahrt dauert über 14 Stunden, weil meistens nur ein Schiff fahren kann, es sei denn an speziellen Ausweichstellen.

Die Nacht war für uns denkbar kurz. Verstohlen und so leise wie möglich schlichen wir uns in den Saal, wo die heiligen Messen gefeiert werden, um nicht als Langschläfer aufzufallen. Aber die Patres kamen auch gerade erst mit ihren Messkoffern; ihre Altäre waren auf den Rauchtischen schnell aufgebaut. Fünf von ihnen zelebrierten von 7.00 bis 7.30, vier direkt danach. (Die paar Katholiken, die an Bord sind, kommen treu zu jeder Messe.) Nach dem Gottesdienst erzählte man uns, was wir verschlafen hatten: Schon in aller Frühe konnte man Muslime bei ihrem Morgengebet beobachten; wie sie sich Richtung Mekka verneigten, währenddessen ihre Kamele daneben standen und dumm guckten. Da hatten wir also wirklich etwas verpasst!

Wir sehen auf beiden Seiten Land – rechts die Küste des ägyptischen Festlandes, links die Halbinsel Sinai. Aber die Landschaft ist öde; nur noch Dünen und Sandberge. Plötzlich taucht etwas Schwarzes im Wasser auf; in der Meinung, es sei ein Nilpferd, rennen wir an die Reling und starren auf den Gegenstand, der sich jedoch als Holzpfahl entpuppt. Nach der Landkarte zu schließen, befinden wir uns im Bittersee.
Wir haben ein paar Stunden Aufenthalt; dann fahren wir weiter durch den letzten Abschnitt des Kanals. Zur Rechten sind grüne Felder mit Dattelpalmen, schmucken Häuschen und modernen Straßen. Herden von Kamelen, Dromedaren und schwarzhaarigen Ziegen laufen am Ufer entlang. Wir können sie aus nächster Nähe betrachten.
Auf der anderen, der linken Seite, erblicken wir nur einzelne Tiere, aber viel Wüste. Der Sand leuchtet in allen Farben – von hellgelb über dunkelbraun bis himmelblau und rot. Im Hintergrund winken hohe Berge. Die Vegetation besteht aus Salzbüschen und distelartigen Pflanzen, die wohl einzige Nahrung der Kamele. An einer Straße, längs der künstlichen Seestraße, erblicken wir Bauarbeiter. Hier etwa, so wird berichtet, sollen die Israeliten einst trockenen Fußes durchgezogen sein.
Vor uns liegt Suez, eine moderne Stadt; wir legen nicht an, aber die Postsäcke werden an Land gebracht. (In Port Said durften wir keine Post abschik-

ken. Ihr dürft deswegen nicht böse sein, wenn Ihr so lange auf mein Briefchen warten musstet!) Bald werden wir den Suezkanal verlassen und das Rote Meer erreichen.
Die Pyramiden[7] von Ägypten sind leider nicht zu sehen... Über uns brennt unbarmherzig die afrikanische Sonne. Alles rennt im Badekostüm herum – natürlich ohne uns Nonnen!

Die Hitze wird immer unerträglicher
Es ist wie in einem Backofen

8. September 1959
Unsere Schiffskabinen gleichen Backöfen, die Aufenthaltsräume den Trockenanlagen einer Wäscherei. Auch das Deck ist eine große Bratpfanne. Wir haben nur noch die Wahl zwischen Schmoren, Vertrocknen und Braten.
(Meine Lieben) Ihr würdet mich nicht mehr wiedererkennen. Auf die Fragebögen, wenn nach Rasse gefragt, haben wir zwar *Europäer* geschrieben, aber ich glaube, *Rothäute* wäre treffender gewesen. Man braucht also gar nicht in die Sahara zu gehen, um einen Sonnenbrand zu bekommen. (Hier an Deck des Dampfers geschieht es noch schneller!) Kein Lüftchen regt sich. Erfreulich ist nun die Nachricht, dass die schwüle

7 Sie befinden sich viel zu weit entfernt; um einige von ihnen zu sehen, hätte Sr. Francis in Port Said einen Abstecher nach Kairo machen müssen.

Hitze nachlassen wird, sobald wir das Rote Meer verlassen. Die Patres stöhnen »vor Kälte«, dabei perlen ihnen die Schweißtropfen von jeder Haarsträhne. Ihr seht, dass uns der Humor (noch) nicht verlassen hat. Das Festland ist unseren Blicken entschwunden; die Farbe des Wassers ist wieder dunkelblau. Wir sehen nur Wasser und Himmel. So wird es wohl bleiben, bis wir in Aden anlegen. Aber glaubt ja nicht, das Meer sei langweilig. Die weißen Wellenkämme sehen aus wie Schneehaufen auf azurblauem Wasser. Fliegende Fische treiben ihr munteres Spiel. Abwechslung gibt es genug!

14. September 1959
Ich habe ein paar Tage nichts notiert, weil die Hitze mein Gehirn einzutrocknen schien. Jetzt, im Indischen Ozean, hat die Schwüle nachgelassen. Am 10. September waren wir in Aden und hatten sechs Stunden Aufenthalt, gerade lang genug, um uns die Stadt anzuschauen. Vom Schiff aus sahen wir eine Kirche und ein Kloster; dort gingen wir zuerst hin. Das Gotteshaus ist dem heiligen Franziskus geweiht. Die Schwestern sind Mitglieder einer italienischen Genossenschaft; sie waren sehr froh, europäische Ordensfrauen zu sehen und haben sich lang mit uns unterhalten.
Die Häuser von Aden, so meint man beim ersten Blick, kleben an einem Hang. Es wächst dort nichts außer Bananen. In den Kaufhäusern wird alles sehr preiswert angeboten, und man sieht die Passagiere schwerbeladen aufs Schiff zurückkehren.

Für gestern Abend war starker Wind angesagt, der auch planmäßig eintraf. Obwohl uns unsere Würdige Mutter verboten hatte, seekrank zu werden, bin ich es doch geworden. Als ich zum Abendessen in den Speisesaal ging, merkte ich noch nichts. Doch während des Essens wurden wir etwas zu viel geschaukelt, sodass ich gerne auf meine Nachspeise verzichtete. Geflügelten Schrittes eilte ich die Treppe hoch, um auf Deck frische Luft zu schnappen. Ich erreichte gerade noch die Reling (um mich zu übergeben). Zum Glück hat mich niemand dabei beobachtet!
Am nächsten Tag, während des Mittagessens, erhielt ich plötzlich keine Antwort mehr von Sr. Margit; als ich mich zu ihr hin umdrehte, war ihr Stuhl leer, aber ihr Teller noch fast voll. Also hatte die Seekrankheit auch sie erwischt!

15. – 18. September 1959
Heute legen wir in Mombasa an (Kenia). 400 Passagiere steigen aus. Die schwarzen Arbeiter streiken; es wird nichts ausgeladen. Wir werden erst am 19. weiterfahren... – Ich rufe Euch ein frohes *Jambo* (Guten Tag) zu. Die Patres haben das Schiff verlassen; wir haben keine heilige Messe mehr an Bord. Deshalb fahren wir zur Kathedrale. Mit den hier lebenden Schwestern haben wir auch schon Kontakt aufgenommen. Da Sr. Margit und ich so gerne Bananen essen, hat Mutter Oberin uns gestern zum Einkauf in die Stadt geschickt. Für umgerechnet eine Mark bekommt man 30 Bananen! Auf dem Heimweg stießen wir auf einen Tausendfüßler, etwa 20 Zentimeter

lang und so dick wie eine Zigarre. Das erste afrikanische Tier (das ich zu Gesicht bekomme)!
Ich möchte jetzt den ersten Teil meines Berichtes abschicken; den zweiten werde ich von der »neuen Heimat« aus an Euch senden. Bis dahin viele sonnige Grüße an alle von
Eurer Sr. Maria-Francis CPS.

Weiterfahrt per Schiff und Zug von Daressalam nach Beira, von Beira nach Bulawayo

Bulawayo, 30. September 1959
Im Hafen von Mombasa lagen wir vier Tage. Jene Passagiere, die ausstiegen und auf ihr Gepäck warteten, hatten genug Gelegenheit, sich in der Geduld zu üben. Ich weiß nicht, warum die schwarzen Arbeiter streikten – ob sie mehr Geld oder mehr Urlaub haben wollten? Sie setzten sich einfach auf den Boden und lärmten. Als sie dann doch wieder ihre Arbeit aufnahmen, taten sie es mit Ruhe; die Spannung löste sich.
Am 19. September fuhren wir endlich weiter. Abends ereignete sich noch etwas: Fräulein Schinke aus Berlin meinte, im Halbdunkel einen Leoparden gesehen zu haben, der sich auf dem Schiff verlaufen hatte. Ein paar tapfere Männer näherten sich vorsichtig der Ecke (wo das Tier gesichtet worden war), steckten aber ihre Verteidigungswaffen wieder weg. Was sie fanden war ein wohlgenährter (friedlich schlummernder) Kater!

Am nächsten Tag erreichten wir Tanga, fuhren aber noch am selben Abend bis Sansibar. Unser Schiff ankerte in gebotener Entfernung – wegen der Untiefe der Küstenstriche. Am andern Morgen holte uns Sr. Oberin (der CPS-Gemeinschaft auf der Insel) mit einem Bötchen ab. (Der Dampfer blieb bis 2.00 Uhr Nachmittag vor der Küste liegen!) Unsere Mitschwestern leiten auf Sansibar eine große Schule für Inder. Nach einem deutschen Frühstück und der Besichtigung der Schule besuchten wir unsere Schwestern in einem Aussätzigendorf. Es liegt mitten in einem Palmenwald.
Vor Raubtieren braucht man sich übrigens hier nicht zu fürchten, wohl aber vor den Ameisen. Der ganze Waldboden gleicht einem einzigen Ameisenhaufen. Ich hatte Sandalen an und fühlte mich entsprechend! Diese Tierchen werden zwei- bis dreimal so groß wie die in Deutschland. Gewiss, nicht alle blieben an meinen Füßen hängen; nein, sie verteilten sich bis zum Nacken hinauf!
Die Freude der Leprakranken war groß, als sie uns (neue) Schwestern sahen. Sie kamen auf uns losgestürmt und begrüßten uns. Wir verstanden nur *Jambo, Mama* (guten Tag, Schwester). Einige hatten keine Hände und keine Füße mehr. Die Schwerkranken leben in einem gemeinsamen Haus, die Leichtkranken wohnen in kleinen Häuschen – jeweils wie eine Familie – und helfen den Schwestern bei der Arbeit. Die meisten werden später als geheilt entlassen, wollen aber oft gar nicht mehr in ihre Dörfer zurück, weil es ihnen bei den Schwestern so gut gefällt.

Viel zu schnell verging der Vormittag. Wir plünderten noch einen Nelkenbaum (Gewürznelken) und fuhren dann wieder zum Schwesternkonvent zurück. Der liegt direkt am Indischen Ozean. Während der Flut schlagen die Wellen gegen die Klostermauern. Um 1.00 Uhr nahmen wir Abschied und fuhren aufs Meer zurück.

Der nächste Hafen, den wir anliefen, war Daressalam. Ganz in der Nähe fanden wir einen deutschen Friedhof. Vor dem Eingang, unter einem schattigen Baum, hatten drei Afrikaner eine Bude errichtet und verkauften Coca Cola, Bananen und Apfelsinen. Wir dachten, es sei Landessitte, die Apfelsinen den Kunden geschält anzubieten, denn einer der Burschen war fleißig dabei, die Schalen zu entfernen. Aber dem war nicht so; sie machten sich selber über das Obst her. Auf unserem Heimweg aus der Stadt waren alle drei noch bei derselben Beschäftigung.
Nachmittags verließen wir Daressalam, den wohl schönsten Hafen der Ostküste, Richtung Beira, der Endstation unserer Seereise. Wir fuhren noch zwei Tage und zwei Nächte. Das Meer war wild; die Wellen trieben mit uns ein lustiges Spiel. Das Schiff machte abwechselnd *Köpfchen in das Wasser, Schwänzchen in die Höh!* Nur wenige hielten sich noch an Deck auf, und die wie Betrunkene. Nur morgens flüchteten wir, so gut wir konnten, nach oben, um wenigstens (für kurze Zeit) in der frischen Luft geschaukelt zu werden (statt nur in der muffigen Kabine herumzuliegen). Auf einmal sagte Sr. Margit: »Ich gehe nicht zum Frühstück«. »Ich auch nicht«, gab ich zur Ant-

wort. Später fand uns Sr. Wilfriedis (wie ein Häufchen Elend) in unseren Liegestühlen. Sie erzählte uns, dass Mutter Theodora es noch gewagt habe, zum Frühstück zu gehen, aber dann doch nicht zu Ende gegessen habe. Auch sie musste (wegen starkem Brechreiz) die Flucht ergreifen...

So erging es fast allen Passagieren; die meisten lagen krank im Bett. Die Köche und Kellner hatten kaum mehr etwas zu tun.

Als die Musik zum Mittagessen einlud, streikten wir erneut. Nur Sr. Wilfriedis blieb tapfer; sie bestellte alle Menügänge, saß allein am Tisch – und wurde vom Oberkellner eigens dafür gelobt. Uns brachte sie (trockene) Brötchen an Deck, die wir dankbar aßen, aber umgehend wieder ins Meer entließen. Dann krochen wir auf unsere Kabinen zurück. Die Stewardess erkundigte sich, ob sie uns Tabletten bringen solle – oder sonst etwas? Wir verneinten.

Wenn krank (wenn von der Seekrankheit gebeutelt), dann hat man erst Angst, man würde sterben; dann ist man aber so elend, dass man fürchtet, man sterbe nicht schnell genug! Sr. Wilfriedis spöttelte und meinte, wir lägen herum wie erschlagene Fliegen. Und wirklich, wir hatten keine Energie mehr. (Nicht einmal die Kraft, sie für ihre hämischen Worte zu bestrafen.) Das Schlimmste war, wir mussten unsere Koffer packen, hatten aber keine Ahnung, wie wir das tun sollten. Die Wände und Balken unserer Kabine krächzten und krachten, als würden sie aus den Fugen gerissen. Zum Glück dauerte der ganze Spuk nur zwei Tage. Müde und erschöpft kamen wir in Beira an.

Hier waren die Franziskanerinnen von unseren Schwestern in Bulawayo gebeten worden, uns einzuladen, ehe wir den Abendzug nach Rhodesien besteigen würden. Aber da unser Schiff erst um 3.00 Uhr nachmittags anlegte, konnten wir ihre Gastfreundschaft gar nicht in Anspruch nehmen. Der Steward servierte uns, ehe wir das Schiff verließen, doppelte Portionen, weil er wusste, wie ausgehungert wir waren. Ich wurde zudem von allen ausgelacht, weil ich ja lautstark so sehnsüchtig auf einen ordentlichen Seesturm gewartet hatte. Jetzt habe ich die Nase voll! Um 6.30 Uhr abends sollte unser Zug den Bahnhof von Beira verlassen. Es war ein Freitag, und am Sonntag morgen hätten wir in Bulawayo ankommen sollen. Unsere beiden »Afrikanerinnen« hatten die rhodesischen Züge so gelobt; daher waren wir zwei Neuen sehr gespannt. An einer Tafel, außen am Waggon, konnte man seinen gebuchten Platz ausfindig machen. Es war ein Schlafwagen; jeder Passagier hatte sein Bett. Sogar Trinkwasser war vorhanden. Als der Zug zur festgesetzten Zeit nicht abfuhr, fingen wir jungen Schwestern schon an, unruhig zu werden. Es wurde 8.00, es wurde 9.00 Uhr – und noch immer bewegte sich nichts. Später erfuhren wir, auf der Strecke seien zwei Güterzüge zusammengestoßen; daher mussten erst noch die Gleise freigemacht werden. Als es dann endlich soweit war, war es 3.00 Uhr früh. Wir legten uns in die Betten, konnten aber nicht einschlafen: Es war viel zu heiß – und da schwirrten Tausende von Moskitos in unserem Abteil herum! Unter der Decke bekam man keine Luft. Also organisierten wir eine

Moskitojagd. Hoffnungslos: Tausende fielen, Hunderte entkamen. Und wir wurden erneut gestochen. Als der Zug in Fahrt kam, war es etwas besser, wegen des Durchzugs. Sr. Wilfriedis meinte schmunzelnd, wir gehörten jetzt zu den 144 000 Gezeichneten.

Das waren also unsere ersten Erlebnisse im (portugiesisch) ostafrikanischen Urwald mit seinen unzähligen Malaria-Überträgerinnen.

Unser Zug keuchte bergan. Jetzt war es wieder heller Tag, und die Moskitos hatten sich verkrochen. Rechts und links der Gleise nichts als wilder Wald; die Berge in der Ferne wurden immer höher. Es gab viele Kurven (wie auf der Turmtreppe des Kölner Doms), und man konnte den Anfang und das Ende des Zugs sehen. Vergebens hielten wir nach Löwen Ausschau, sahen stattdessen nur zwei Affen, die sich auf einem Ast schaukelten. Wir hielten selten an; aber die Landschaft war herrlich. Das Laub der Bäume leuchtete rot und gelb. Eigenartig, manche von ihnen blühten, ehe sie Blätter trugen, in leuchtenden Farben. Wir sahen auch riesengroße Kakteen – mitten in der Wildnis. Die Erde war rot wie Ziegelsteine. In den sumpfigen Tälern lagen große Bananenfelder. Die Dörfer der Eingeborenen blieben meist versteckt; ihre Hütten sehen aus wie mächtige Pilze; das Gras ist goldgelb wie Getreide. Magere Ochsen suchten sich ihr Futter, wo immer sie etwas finden konnten.

Dann, plötzlich und unerwartet, tauchte mitten im Urwald eine moderne Stadt auf: Umtali, an der Grenze zwischen Portugiesisch-Ostafrika (heute: Mosambik) und Rhodesien (jetzt: Simbabwe). Es war

3.00 Uhr nachmittags; wir sehnten uns nach einem richtigen Bett und besuchten daher die Dominikanerinnen, wo wir freudig aufgenommen wurden. Am nächsten Morgen brachten sie uns zum Bahnhof zurück und gaben uns auch Verpflegung mit für den kommenden Tag. Der Vorrat der Franziskanerinnen von Beira hatte gerade bis Umtali gereicht.
Jetzt durchfuhren wir die sogenannte Rhodesische Schweiz. Mein Wortschatz reicht nicht aus, die Schönheiten der Natur zu beschreiben: Felsblöcke, so glatt, als wären sie abgeschmirgelt worden, türmten sich aufeinander. Man glaubt, jemand hätte sie so kunstgerecht aufeinandergelegt. Manchmal erscheinen sie wie menschliche Figuren – mit Kopf und Rumpf, oder sie ähneln sitzenden Tieren. Alles Steingebilde aus Felsblöcken! Dazwischen blühende Bäume in den schönsten Farben. In den Tälern sieht man Hunderte von Hütten – und die kleinen Negerlein kommen neugierig und winkend zum Zug gelaufen. Hin und wieder erkennt man auch ein kleines Missionskirchlein oder eine Schule. Der Zug hält jetzt öfter; in der Nähe der Bahnhöfe liegen europäische Häuser und Farmen mit großen Plantagen. Gelegentlich sehen wir auch einige sogenannte Wurstbäume. Dicke Leberwürste baumeln an den Zweigen...

Langsam wurde es unruhig in unserem Abteil. Sr. Wilfriedis rüstete sich zum Aussteigen. Sie ist in Mashonaland stationiert; in Macheke hat sie uns verlassen. Zwei unserer Schwestern und ein Missionsbruder holten sie mit dem Auto ab. Der Zug hielt nicht

lang; wir winkten ihr zum Abschied. Vor uns lag noch eine mehrstündige Bahnfahrt.
In Salisbury[8] kamen wir aus dem Staunen nicht mehr heraus. Die afrikanischen Städte sind keineswegs rückständig! Die Schwestern in Umtali hatten die hiesigen (deutschen) Dominikanerinnen telefonisch informiert; so wurden wir am Bahnhof abgeholt und bekamen, da unser Zug einige Stunden Aufenthalt hatte, eine gute Gelegenheit, die Hauptstadt zu besichtigen. Die Schule der Schwestern ist fast eine Stadt für sich. Wir machten auch einen Besuch in der Kathedrale, die ein deutscher Bruder errichtet hat. Nach dem Abendessen wurden wir wieder zum Bahnhof gebracht. Wir fuhren die ganze Nacht – bis Bulawayo als unser Endziel.
Zu meinem großen Bedauern rückten die Berge in immer weitere Ferne. Das Land war flach wie am Niederrhein. Große Gebiete sind umgepflügt, die Wälder sind selten geworden. Tiere sahen wir keine, nur ein Zebra und ein Esel (ein vierbeiniger) begrüßten uns; sie grasten neben den Bahngleisen.
Von weitem konnte man schon die Vorstädte von Bulawayo sehen. Am Bahnhof wurden wir von unseren Schwestern erwartet. Die Stadt ist nach modernstem amerikanischen Muster gebaut – mit breiten Straßen, Wolkenkratzern und schönen Blumenanlagen.
Bis zu unserem Konvent hatten wir nur zehn Minuten Autofahrt. Alt und Jung, Weiß und Schwarz begrüßten uns. In der Kapelle beteten wir das Te Deum aus Dankbarkeit für die geglückte Reise.

8 Heute Harare, die Hauptstadt Simbabwes

Jetzt, während ich dies schreibe, sind wir schon vier Tage hier. Es gefällt uns prima. Die 700 Hühner machen ein ganz bekanntes Gegacker. Wir sind fast jeden Tag unterwegs. Im Stadtpark von Bulawayo haben wir die Fotos gemacht, die ich beilege. Vielleicht könnt Ihr hinter meinem Rücken die Palmen und Blumen erkennen. Wenn nicht, müsst Ihr hierher kommen und Euch diese Pracht selber ansehen. So etwas Schönes gibt es in Köln nicht. Es fällt mir schwer, dies als Kölnerin zugeben zu müssen, aber die Wahrheit darf man nicht verhehlen.
Im Museum lernten wir die afrikanische Tierwelt kennen; dann besuchten wir auch unsere Mitschwestern (Mariannhiller Missionsschwestern vom Kostbaren Blut), die in der Dompfarrei dem Bischof und den dortigen Patres den Haushalt führen. In der Hauskapelle haben wir die Vesper gebetet. Bischof Adolph Gregor Schmitt, ein aus Bayern stammender Mariannhiller, ist zur Zeit in Deutschland. Seine Kathedrale, der Dom von Bulawayo, wird momentan vergrößert. Die Bauarbeiten sind voll im Gange.
Am kommenden Sonntag – es ist der 3. Oktober – fahren Sr. Margit und ich auf die uns zugewiesene Missionsstation, etwa 45 Meilen von Bulawayo entfernt. Meine neue Adresse lautet: Sacred Heart Home, P. Bag 87 M, Bulawayo, S. Rhodesia. Wir (Schwestern) haben dort eine Internatsschule mit über 200 Kindern und Jugendlichen.

Als wir am Montag vom Zug abgeholt wurden und anschließend bei der Post vorbeifuhren, waren für mich schon zwei Briefe dabei. Der eine von Zissi[9], der andere von Elli Peters – der war mir vom Mutterhaus in Holland nachgeschickt worden. Ich will sehen, dass ich für unseren Herrn Pastor ein paar passende Sachen finde.

Nun sende ich Euch allen daheim, allen Verwandten, Bekannten und Nachbarn recht frohe Grüße aus dem schönen, heißen Afrika.

Von der neuen Sprache, dem Sindebele, kann ich noch kein Wort; deshalb rufe ich Euch ein deutsches *Herzlich Willkommen!* entgegen.

Eure Sr. Maria-Francis CPS

9 Kosename von Franziska Abbing (Autorin dieses Buches und Schwester von Sr. Francis van den Berg)

5.

Lehrerin an afrikanischen Missionsschulen

Von Bushtick bei Bulawayo über Empandeni und Monte Cassino-Mission nach Regina Mundi am Gwaaifluss

In Bushtick hatten die Schwestern eine Volksschule für Mischlingskinder[10], die meisten waren Vollwaisen. Dort unterrichtete Sr. Francis von 1959-1960. Anschließend wirkte sie ein Jahr in Empandeni bei Plumtree, der ältesten katholischen Missionsstation des Landes; diese war ein Geschenk von König Lobengula[11] an die Jesuitenmissionare[12]. 1961-1962 machte sie ein Zusatzstudium am Haeny-College in Bulawayo und erwarb das »Britische Lehrerdiplom«, das sie berechtigte, auch an staatlichen bzw. staatlich

10 Auch »Coloured« (Farbige) genannt; ihre Eltern lebten im ganzen Land zerstreut; einige kamen sogar von weit her, zum Beispiel aus Nordrhodesien (Sambia) und Nyassaland (Malawi).

11 Lobengula war Nachfolger seines Vaters Mzilikazi als König der Amandebele, eines Zulustammes, der gegen Mitte des 19. Jahrhunderts aus Südafrika zugewandert war. Die Sprache der Amandebele (Einzahl: Ndebele) ist Sindebele; die Region, in der sie leben, wurde von den britischen Kolonialherren Matabeleland genannt.

12 1930 übergaben diese Empandeni (sowie die gesamte Matabele-Region) an die Mariannhiller, die bis heute, zusammen mit den Missionsschwestern vom Kostbaren Blut, im Erzbistum Bulawayo tätig sind.

subventionierten Höheren Schulen zu unterrichten. Während dieser Zeit legte sie die Ewige Profess ab und weihte so ihr Leben für immer dem Dienst Gottes in der Gemeinschaft der Ordensschwestern.
Von Januar 1962 bis Weihnachten 1968 übernahm die »frischgebackene Studienrätin« eine Lehrstelle in Monte Cassino-Mission bei Macheke im Erzbistum Salisbury (Harare). Diese Station war 1902/1903 von Mariannhiller Mönchen gegründet worden; nur wenige Jahre später kamen die ersten Schwestern hinzu.
Kurz vor Weihnachten 1968 durfte Sr. Francis ihren ersten Heimaturlaub antreten – bis zum Palmsonntag 1969. Leider konnte sie ihren geliebten Vater, der sie bei der Entscheidung, Mitglied der Missionsschwestern vom Kostbaren Blut zu werden, unterstützt hatte, nur am Grab besuchen.
Unser Vater war am 23. Mai 1967 an seinem 4. Herzinfarkt gestorben, nachdem er schon 1961 einen Infarkt hatte, und zwei weitere 1966. Damals hatte ich Elsbeth gebeten, beim Orden um Erlaubnis einzugeben, ihren Heimaturlaub vorziehen zu dürfen, aber bis dies genehmigt wurde, war es schon zu spät. Ihr freudiger Brief mit der Nachricht, sie dürfe eher fliegen, traf erst nach Vaters Tod ein. So musste sie bis Ende 1968 warten, bis sie regulär an der Reihe war.
Ab Ostern 1969, nach ihrem Heimaturlaub, wurde die Regina Mundi-Mission am Gwaaifluss im Südwesten des Landes ihr neues Arbeitsfeld. Es war eine Mittelschule für afrikanische Mädchen. Mariannhiller Patres und Brüder betreuten die Station und die Seelsorge samt der großen Farm mit einer beachtlichen

Viehzucht und ausgedehnten Gärten. Die Missionsstationen waren damals weithin Selbstversorger. Neben den Mariannhiller Schwestern unterrichteten auch schwarze Lehrer und Lehrerinnen an der Schule.

Schule von Regina Mundi-Mission

Hier (am Rande der Kalahari-Wüste und in unmittelbarer Nähe zum Wankie-Nationalpark) übernahm Sr. Francis in ihrer Missionsbegeisterung ein großes und nicht immer leichtes Aufgabengebiet. Sie liebte diese Arbeit, erlernte die Sprache der Leute und mühte sich, auch ihre Mentalität zu verstehen. Ihre Unterrichtsfächer waren auch hier, wie schon in Monte Cassino, Latein und Englisch. Sie führte die jungen Afrikanerinnen bis zum Abitur bzw. Lehrerexamen. Später übernahm sie noch das Lehrfach Nähen dazu. Ihr persönlicher und ganz besonders eifriger Einsatz wurde durch gute Examensabschlüsse ihrer Schülerinnen immer wieder belohnt. Die Näharbeiten, die

die schwarzen Mädchen unter ihrer Anleitung anfertigten, wurden von allen Seiten bewundert, auch von den Inspektorinnen des Kultusministeriums in Salisbury. Dabei gilt es zu bedenken, dass die Schülerinnen zu Hause, im Busch, noch nie eine Nähnadel in der Hand hatten!
Sr. Francis verlangte aber nicht nur von den Mädchen viel, sondern auch von sich selber. Sie kümmerte sich um jedes von ihnen, gab Rat und stand auch sonst helfend zur Seite. Deswegen wurde sie auch von allen geliebt, nicht zuletzt wegen ihres Frohsinns, ihrer Bescheidenheit und ihrer steten Hilfsbereitschaft. Ihr heiteres und aufgeschlossenes Wesen machte es den jungen Afrikanerinnen leicht, auf sie zuzugehen. Sie musizierte mit ihnen und organisierte mit ihnen gemeinsam Abiturpartys. Es war wichtig für sie, den Jugendlichen Vorbild sein zu dürfen und sie in ihrem persönlichen Einsatz schulisch, charakterlich und religiös anzuleiten und zu führen. Darin sah sie eine ihrer großen Aufgaben als Lehrerin und Missionarin.

Die Rundkirche von Regina Mundi, die Pater Konrad Atzwanger, ein Mariannhiller aus Südtirol, hatte errichten lassen, war weit über das Bistum Bulawayo hinaus bekannt. Sie ähnelt einem afrikanischen Kral, wenngleich sehr viel größer und auch aus Steinen errichtet und nicht aus Lehm, Stroh und Reisig.

Dort fanden alle religiösen Feste statt, auch die jährliche Erneuerung der Gelübde, die die Schwestern immer am 15. August vornahmen. Für den Blumen-

schmuck – nicht nur an solchen Tagen – war Sr. Francis zuständig. Das machte sie mit viel Liebe und Hingabe. Davon hat sie mir während ihres Heimaturlaubs immer wieder erzählt.
Sie war schon immer, von klein auf, sehr naturverbunden, interessierte sich für alles, was in Gottes schöner Natur oder im Garten und auf den Feldern wuchs und hatte daher sozusagen auch einen grünen Daumen im Umgang mit den Pflanzen. Dies alles hatte sie im Elternhaus und auf unserem Hof erlebt und erlernt und war diesbezüglich auch hinein gewachsen und geformt worden.

Rundkirche von Regina Mundi-Mission

6.

Tröstliche Worte an die Mutter zu Hause

Nach dem frühen Tod des Vaters

Zum Glück sind uns noch einige Briefe von Elsbeth (Sr. Maria-Francis) erhalten, die sie unserer Mutter nach dem Tod unseres Vaters geschrieben hat. Darin spiegelt sich ihre ganze Sorge wieder, und auch ihre Liebe zum Verstorbenen.
Wir reihen im Folgenden mehrere dieser Schreiben aneinander. Diese sprechen für sich – und sie bedürfen keiner weiteren Kommentare, ausgenommen vielleicht ein paar Fußnoten.
Der erste Brief wurde zwei Tage vor Vaters Tod geschrieben, erreichte uns aber erst mehrere Tage danach. Dieser ist noch an die »lieben Eltern und Geschwister« adressiert; danach nur noch an die »liebe Mutter und Geschwister«. Darin kündigt sie ihren baldigen Heimaturlaub an, der dann doch nicht sofort zustande kam, aber auch sonst noch ein paar interessante Dinge.

21. Mai 1967
Vielen Dank für Mutters Brief. Hoffentlich hat unser lieber Vater die Prozedur mit dem Nierenstein gut überstanden. Er bekommt jetzt aber auch wirklich

alles hintereinander. Hoffentlich kommt nicht wieder etwas hinterher.

Nun zu Mutters Frage bezüglich des Geburtstagsgeschenkes. Ich will dann mal einen Wunsch äußern. Anstatt der Süßigkeiten könnt Ihr mir mal etwas Nützliches schicken: Wie wäre es mit einem Paar Schuhe? Wenn Ihr keine vernünftigen schwarzen bekommt, dürfen es auch braune sein. Ich färbe die dann schwarz ein. Ich erinnere mich nämlich noch daran, dass es immer schwer war, für mich Schuhe zu besorgen, als ich noch in Neuenbeken war. Einmal seid Ihr dann in einen Laden gegangen für ältere Damen, und die sind zu teuer! Ihr wisst ja noch die Schuhe mit den besonderen Einlagen. Das ist alles unnötig.

Ihr schickt sie (die Schuhe) am besten auf diese Weise: Näht zunächst ein kleines weißes Säckchen, steckt den Schuh hinein und schickt ihn als Muster hierher; etwas später den zweiten. Dann braucht Ihr gar keinen Karton. Ihr könnt mit dem Kugelschreiber die Adresse einfach auf das Säckchen schreiben; am oberen Ende näht Ihr einen Saum, durch den Ihr eine Kordel zieht und diese dann gut verknotet. Das ist alles. Das machen die Angehörigen von unseren Schwestern auch so.

Mutter Theodora wird nächste Woche zu uns kommen und die großen Neuigkeiten vom Generalkapitel mitbringen. Die Schwestern in Bulawayo wissen es schon, und etwas ist auch schon (übers Buschtelefon) bis zu uns vorgedrungen. Eine große Freude für Papa: Wir bekommen jetzt alle acht Jahre Heimaturlaub.

Dann wäre ich Ende des Jahres dran; ich muss allerdings noch auf Mutter Theodoras Bescheid warten. Ich schreibe Euch dann gleich.
Eine andere Neuigkeit: Der Schleier (der Schwesterntracht) wird einfacher. Die Mützchen und das Stirnband werden abgeschafft. Ich freue mich, dass das Stirnband fortfällt; das verursacht nämlich viele Kopfschmerzen...

25. Mai 1967
Heute kamen beide zugleich an: Zissis Brief und das Telegramm. Ich bin wirklich noch versucht zu glauben, es sei nicht wahr. Aber es steht ja schwarz auf weiß da. Wir müssen uns in Gottes Willen ergeben und glauben, dass es das Beste ist. Nachdem ich Zissis Brief gelesen hatte – es ist der vom 17. des Monats – bedenke ich nun, was Papa alles gelitten hat und was für Schmerzen der Stein und die Schlinge verursacht haben. Da war (muss ich gestehen) der Tod wirklich eine Erlösung für ihn. Sicherlich ist unser aller Schmerz sehr groß, aber als Christen wissen wir ja, dass es ein Wiedersehen gibt.
Ich habe auf einem Totenzettel die folgenden Worte gefunden, die Euch gewiss auch etwas Trost geben werden:

Bitter, meine Brüder, ist der Kelch des Todes, auch die Nüchternen berauscht er. Wenn ein Mensch verscheidet, werden alle Brüder erschüttert und zu Boden gebeugt; denn ein Freund ging von hinnen; wie ein Leibesglied fehlt er; seine vertraute Stimme ist verhallt. Und doch ist der Tod nur wie ein Traum und jeder neue Morgen ist Sinnbild der Auferstehung. Der Schlaf hört am Morgen auf. Nur der Tor glaubt, der Tod sei ein Schlaf, der ewig währt. Reich wird der Schmuck und die Pracht unserer Leiber sein, wenn sie mit den Seelen sich einen; sie sind ja Tempel des Geistes und werden wieder hergestellt zu Wohnungen ewigen Friedens. Ein Rauschen von Stimmen wird sein, wenn die Gräber sich öffnen, einer um den andern wird in seine Harfe greifen und Jubellieder anstimmen... – (Ich habe den Text etwas verkürzt – und nur die schönsten Sätze übernommen.)

Liebe Mutter, wirst Du für einige Zeit nach Refrath gehen, um Dich bei Zissi zu erholen? Es wäre vielleicht gut so. Beten wir für Vater und füreinander. Heute wird hier die Abendmesse für Vater gelesen; die Schwestern werden alle hingehen, und die Mädchen der ganzen Schule beten ebenfalls (für ihn). Einige Schwestern wollen (Euch) noch schreiben...

Anmerkung: Auf dasselbe Briefblatt schrieben noch Sr. Wilfriedis und Sr. Ermenfried ihre Beileidswünsche. Interessant übrigens auch die Feststellung, dass die Namen dieser beiden Mitschwestern immer wieder gemeinsam auftauchen; das heißt, sie, die sich seit der Schulzeit in Neuenbeken kennen, arbeiteten offensichtlich mit Sr. Francis auf derselben Station.

1. Juni 1967
Meine Gedanken sind jetzt immer zu Hause. Hoffentlich hast Du Dich, liebe Mutter, von dem großen

Schrecken erholt. Ich meine oft, es sei wirklich alles nur ein Traum gewesen, doch wenn ich die Briefe in der Hand habe, muss ich doch einsehen, dass es Wirklichkeit ist. Es ist schwer für uns alle, aber gewiss am schwersten für Dich. Aber unser lieber Vater ist im Himmel. Davon sind wir alle überzeugt. Ich denke so oft, jetzt brauche ich ihm nicht mehr zu schreiben, was ich tue. Er sieht mich. Ich fühle richtig, dass er ganz nahe bei mir ist. Das muss Dir doch sicher auch so gehen. Ich meine manchmal, ich könnte seinen Atem spüren. Er ist erlöst. Deshalb darf unsere Trauer nicht zu groß sein.
Gestern kam Zissis Brief vom 25. (Mai) an. Sie beschrieb so ziemlich alles, wie es gegangen ist. Aber Du warst doch bei ihm bis zum Schluss. Du wirst mir sicher auch noch schreiben, was er in den letzten Minuten gemacht hat. Oder ist es Dir jetzt noch zu schwer? Dann will ich geduldig etwas warten. War es nicht grausam, dass man Euch nicht benachrichtigt hat und Euch nicht zu ihm lassen wollte?
Liebe Mutter, ich will Dir noch zum Trost sagen, dass hier schon viele Messen für Vater gelesen wurden. Alle vier Patres haben (von sich aus) eine gelesen; dann hat Sr. Oberin eine bestellt, und alle Kinder haben in den Klassen Geld für Messen gesammelt. Alle, Schwestern und Kinder, versichern immer wieder, sie würden (für Papa) beten. Ist das nicht schön? Automatisch wird die Todesnachricht an alle Stationen (wo Schwestern wirken) weitergeschickt; somit bekommt Vater das Gebet von allen Mitgliedern unserer Kongregation weltweit! Jetzt will ich Dir noch erzählen, was ich geträumt habe:

Ich stand vorm Haus (zu Hause) und niemand war da. Dann kam Herr Kuh, der in der Volbach bei uns gewohnt hat, mit dem Auto vorbei. Den habe ich gefragt, wo Du wärest. Er sagte, es würde Dir gut gehen. Dann fragte ich ihn, wo denn Vaters Grab[13] sei. Das wusste er nicht. Dann auf einmal stand Papa in seinem braunen Sonntagsanzug neben mir und sagte: »Ganz nahe beim Eingang« und lächelte mich an. Dann bin ich aufgewacht. – An Zissi will ich morgen noch schreiben. Sei nun herzlich gegrüßt von Deiner Elsbeth.

19. Juni 1967

Vielen, vielen Dank für Deinen Brief vom 6. Juni, liebe Mutter. Es ist mir ein großer Trost zu wissen, dass Du das Kreuz, das uns der Herrgott geschickt hat, in der rechten Gesinnung angenommen hast. Wir werden Papa dadurch auch Freude machen; denn er weiß jetzt ja schon, warum es so geschehen ist. Er schaut jetzt alles mit anderen Augen als wir hier auf Erden. Wir wollen ihm seine Güte und Liebe und alle Sorgen um uns durch Gebet danken und vergelten. So Gott will, darf ich schon Ende des Jahres mit Euch zu seinem Grab gehen.

Der Heimaturlaub ist im Moment eine komplizierte Geschichte. In der neuen Regel heißt es, dass die Schwestern sechs Monate in Europa zur Erholung bleiben dürfen. Das heißt aber nicht, dass wir die

[13] Das Grab des Verstorbenen liegt in der Tat in der Nähe des Eingangs zum Friedhof, was aber Sr. Francis damals noch gar nicht mitgeteilt worden war.

ganze Zeit zu Hause (bei unseren Verwandten) verbringen dürfen, sondern (wohl nur) zwei Monate. Die andere Zeit muss man in einem unserer Klöster »absitzen« und/oder herumreisen, Vorträge halten und Geld (für die Missionen) sammeln – oder zur Aus- und Weiterbildung an Kursen teilnehmen usw. Nun sind aber so viele (Schwestern) *vor mir* dran! Wenn man ein halbes Jahr fortbleiben will, kann immer nur *eine* Schwester aus der Provinz gehen. Wir haben keinen Ersatz! Es ist im Moment schlimm. Die alten Schwestern werden (immer häufiger) krank; ein paar junge sind ausgetreten, und von Europa kommt kein Ersatz.

So sind wir hier auf eine Idee gekommen: Wir haben Mutter Provinzialin gefragt, ob wir (es sind mehrere Schwestern von Monte Cassino dabei) in den langen Weihnachtsferien (auf Heimaturlaub) gehen dürfen? Sr. Oberin meinte, wir dürfen dann schon vor Schulschluss aufbrechen und etwas später zurückkommen. Dann kämen wir doch auf ungefähr drei Monate Heimaturlaub – und Ihr kämet so nicht zu kurz!

Wenn man die übrigen Monate in Heilig Blut oder Neuenbeken verbringen würde, dann müsste man auch dort arbeiten. Also wären wir besser gleich wieder hier vor Ort (in Afrika) – und die armen Zurückgebliebenen müssten sich nicht zu sehr überarbeiten.

Wir müssen allerdings die Sache noch mit unserer Generaloberin besprechen. Aber Sr. Oberin sagte, ich solle es erst mal Dir schreiben und herausfinden, was Du dazu meinst. Wer weiß, wie lange ich sonst noch warten müsste...

Sonst geht es mir gut. Vor lauter Arbeit hat man keine Zeit, um über etwas nachzugrübeln. Ich hoffe, dass Du Dich von den letzten Anstrengungen auch etwas erholt hast. Ich erwarte jeden Tag Zissis (versprochenen) Brief mit den Fotos von Papa. Ja, der gute Papa! Ich hatte wirklich gehofft, dass ich ihn noch sehen würde. Hoffentlich darf ich Dich bald wiedersehen. Ich freue mich so darauf. Alles Gute, liebe Mama, und bleib gesund!

2. Juli 1967
Vielen herzlichen Dank, liebe Mutter, für Deinen Geburtstagsbrief, der genau am 27. hier ankam. Du kannst Dir vorstellen, dass ich darauf gewartet habe. Mögen Deine guten Wünsche alle in Erfüllung gehen! Wir brauchen schon große Kraft, den schweren Verlust zu überwinden. Er (Papa) war eben so gut!
Tagsüber bleibt mir keine Zeit, viel zu grübeln, aber bevor ich schlafen gehe, muss ich doch sein Bild anschauen oder einen seiner Briefe lesen. Ich meine dann immer, er müsste doch noch da sein. – Wenn Ihr zum Grab geht, dann grüßt ihn auch von mir.
Zissis Brief kam schon am 26. Juni an. Liebe Mutter, danke ihr herzlich dafür, wenn Du sie siehst. Ich danke auch für das Geld, das in Deinem Brief war. Und stell Dir vor: Der rechte Schuh kam am Freitag, den 30. Juni, hier an. Er passt wie angemessen. Ach, er ist so schön bequem durch die Einlage in der Sohle! Der zweite wird dann auch bald nachkommen. Ich werde aber noch warten müssen, bis ich sie anziehe

– nämlich bis die große Kälte kommt. In Monte Cassino ist es im Winter sehr kalt!
Wie geht es Hubert[14] eigentlich? Ich habe lange nichts mehr von ihm gehört. (Die kleine) Elisabeth scheint ja schon so vernünftig zu sein. Zissi schreibt immer nette Briefe. Das muss ja wirklich schön sein, ein Gespräch mit so einem kleinen Geschöpf zu führen.
Gestern hatten wir unser Hauptfest, das Fest des Kostbaren Blutes. Ich musste daran denken, dass Papa bestimmt mit allen CPS-Schwestern im Himmel gefeiert hat, denn er gehört ja zu unserer Familie...
Vielleicht interessierst Du Dich auch für die Krankheiten unserer Schwestern: Eine vom Sacred Heart Home, 76 Jahre alt, wurde an Krebs operiert. Die Ärzte geben ihr nicht mehr lange. Sie hat noch bis vor kurzem unterrichtet. Die Oberin von Bulawayo, auch schon alt, ist sterbenskrank (Herz und Blutdruck!). Und eine junge Schwester musste zur Behandlung nach Europa zurück, weil man ihr hier nicht helfen kann. Man weiß nicht, was es ist. Das sind die Sorgen von unseren Oberen...

Aus all diesen Briefen geht deutlich hervor, wie sehr Elsbeth an unserem Vater hing und wie schwer ihr der Abschied gefallen sein muss – so weit weg von zu Hause, wo sie nur mitbekam, was wir ihr in unseren Briefen mitteilten.

[14] Der Bruder von Sr. Francis (Elsbeth) van den Berg

Auffällig ist auch, dass sie nun, vom Tod des Vaters an, nicht mehr mit *Sr. Maria-Francis* unterschreibt, sondern mit *Deine / Eure Elsbeth*, ganz vertraut wie früher, zur Familie gehörend. Auch nennt sie mich, ihre kleine Schwester, fast nur noch mit meinem Kosenamen: *Zissi*.

7.

Briefe und Kassetten aus Afrika

Sr. Francis plaudert aus ihrem Alltag

Unsere Kinder waren inzwischen schon größer geworden, teils schon in der Schule. Elisabeth, die älteste, lernte schon Englisch – und so entstand ein reger Schriftverkehr zwischen ihnen und ihrer Tante in Afrika. Unzählige blaue Luftpostbriefe sind übers weite Meer hin- und hergeflogen. Auch kleine Souvenirs kamen zur Freude der Kinder bei uns an. Tante Elsbeth beschenkte sie mit afrikanischen Perlenketten, Armbändern und dgl. Sogar das Gehäuse einer Schildkröte, die sie in einem benachbarten Kraldorf erstanden hatte, traf bei uns ein.
Natürlich standen in unseren Briefen auch Sorgen und Probleme, auf die sie immer einging. Am liebsten erkundigte sie sich nach unseren Kindern, nach ihrer Gesundheit und ihren schulischen Leistungen. Im Juni 1975 kam dann noch ein kleiner Georg bei uns an, worüber wir uns alle sehr gefreut haben – auch Elsbeth. Wir schickten ihr Fotos und Kassetten, auf denen die Kinder sprachen, sangen und musizierten. Sie hingegen plauderte aus ihrem Alltag, vom Leben auf der Station und in der Missionsschule; von Erlebnissen besonderer Art, vom Wetter in Rhodesien – und in den späteren Jahren – von den Schrecken des Bürgerkriegs.

Unser gegenseitiger Briefwechsel war sehr intensiv. Alle unsere Kinder schrieben der Tante in Afrika – und ich wundere mich heute noch beim Durchlesen ihrer (Elsbeths) Briefe, wie sie es schaffte, allen zu antworten. In einem Brief an mich vom 12. Januar 1975 schreibt sie, dass alle (angekündigten) Weihnachtsbriefe sowie alle Päckchen der Kinder angekommen seien. Sie bedankt sich eigens für die Süßigkeiten und meint, die deutsche Schokolade schmecke halt doch besser! Aber mein Brief vom 16. November sei nicht angekommen: »Der war offensichtlich in dem verunglückten Flugzeug (in Nairobi, Kenia). Ja, es ist ein Wunder, dass noch so viele Menschen am Leben blieben. Hier (in den Medien) wurden die deutschen Stewardessen sehr gelobt. Sie seien so flink (und behilflich) gewesen. Eine von ihnen, die nochmals zurück ins Flugzeug ging, um andere zu retten, kam dann selber um. Was ich jetzt schreibe, hat man in Europa sicher nicht berichtet: Dass die Schwarzen über die Toten hergefallen sind wie die Raubvögel, sie ausgezogen und beraubt haben... Sonst hätte man die Opfer schneller identifizieren und vielleicht auch ihr Gepäck retten können. Einer (der Leichenfledderer) soll mit dem Arm eines Opfers davongelaufen sein, weil er dessen Armbanduhr haben wollte.«
Weiter schreibt sie, dass sie Pech hatte. Sie durfte mit nach Macheke (Noviziat der Mariannhiller Missionsschwestern vom Kostbaren Blut), wo ein großes Fest gefeiert wurde: Einkleidung, Gelübdeerneuerung und Ewige Profess. Sie schliefen im benachbarten Monte Cassino – und da passierte es: »Gleich am

ersten Abend bin ich im Dunkeln so unglücklich gefallen, dass ich mir den rechten Fuß verstaucht habe.« Es muss sehr schlimm gewesen sein, er war stark angeschwollen. Am nächsten Tag wurde sie noch im Krankenhaus behandelt, aber es war zum Glück nichts gebrochen. Zehn Tage lang musste sie den Fuß schonen und hochlegen. Die Schwellung ließ nur sehr langsam nach.

Am 9. Februar 1975 berichtet Elsbeth, dass unser Päckchen angekommen sei, und dass sie die Geburts- und Namenstagsbriefe sowie ein kleines Päckchen abgeschickt habe – mit normaler Post. Sie fährt fort: »Entschuldigt bitte meine Schrift. Ich bin durchgedreht vom Korrigieren so vieler Aufsätze. Wenn man so an die 72 von ihnen durchgesehen hat, dann brummt einem der Kopf. Gestern hatte ich zusätzlich noch eine andere Arbeit – und zwar waren die neuen Schuluniformen von der Fabrik angekommen, und da musste man jede Schülerin anprobieren lassen, damit sie die richtige Größe herausfinde, die Nummer derselben aufschreiben und dann das Geld verrechnen lassen. Solche Schuluniformen, wie es im englischen System vorgesehen ist, haben schon etwas Gutes. Was nämlich die Mädchen an Minis und Maxis von zu Hause mitbringen, ist ja nur noch Modeschau. Dann ist es besser, etwas Einheitliches zu haben; für alle die gleiche Uniform.«
Später im Brief kommt Sr. Francis auf das Wetter zu sprechen – dass die Regenzeit bald komme und dass sie froh wären, denn sonst würde alles vertrocknen.

Auch für die Menschen bedeute Regen immer etwas Erfrischendes. Zur Zeit sei es so heiß, dass der Schweiß in kleinen Bächlein am ganzen Körper herunterlaufe. Dann klagt sie über ihren Heuschnupfen, den sie in Regina Mundi jedes Jahr habe. Es müsse wohl eine bestimmte Grassorte sein, die sie nicht vertrage. Denn auf anderen Stationen habe sie diesbezüglich keine Probleme gehabt.
In ihrem nächsten Brief, Mariä Lichtmess 1975, erzählt sie von den schönen großen Sonnenblumen, die gerade blühten. Sie habe damit die Kirche geschmückt: »Diese Blumen sind höher als ich groß bin, und ihre Blütenkränze etwa so groß wie ein Suppenteller. Einfach herrlich! Nur halten sich hier Schnittblumen nicht länger als zwei Tage – bei dieser Hitze. Wir haben ja Hochsommer!«
Der Regen war ergiebig, und die Leute freuen sich. Soeben seien die Mädchen schreiend durchs Haus gezogen. »Sie kommen vom Spaziergang zurück, waren am Fluss (Gwaai), der Wasser führt, und wollen jetzt unbedingt zum Schwimmen gehen. Das Wasser ist braun wie Kaffee, aber kühl – und nass! Dass es nicht sauber ist, stört die Schülerinnen nicht. Unsere Schule hat am 10. Januar wieder begonnen – nach den langen Dezemberferien – und wir haben jetzt ein neues Schuljahr. Solche Anfänge sind (für alle, Kinder wie Lehrer) immer sehr schwer. Wenn der *Karren* mal läuft, ist es leichter.«

In ihrem Schreiben vom 9. März 1975 erwähnt Sr. Francis unter anderem auch die »Kleidermode« der

älteren Schülerinnen: »Man hat fast das Gefühl, dass sie (die afrikanischen Mädchen) zu Hause keine so kurzen Kleider tragen dürfen und dass sie dies hier (an der Schule) einfach erzwingen wollen. Ein Maxikleid dagegen haben fast alle für ihre Partys, obschon sie das Schulgeld noch nicht bezahlt haben. Das gehört einfach zum guten Ton – oder um anzugeben. Das Geld wird halt immer für verkehrte Sachen ausgegeben!«
Sie berichtet weiter: Wenn man die Schulaufsicht habe, könne man zuweilen blaue Wunder erleben. An Pater Rektors[15] Namenstag sei normalerweise schulfrei, aber es sei dennoch ein anstrengender Tag. Denn man könne so viele Kinder und Teenager nicht für längere Zeit sich selber überlassen. Sie brauchten stets etwas, wo sie mitmachen könnten.
Einmal in der Woche biete das Internat die sogenannte Klubzeit an: Jedes Kind gehöre zu einem Klub, und jeder Lehrer stehe einem solchen Klub vor. An ihrer Schule gebe es zum Beispiel einen Tischtennis-, einen Tanz-, einen Bastel- und einen Diskussionsklub. Sie, Elsbeth, leite den Bastelklub. So seien die Lehrerinnen und Lehrer immer auf Trab – oder dabei, etwas Neues auszudenken, was man den Jugendlichen präsentieren könne.

Am 11. Mai 1975 erwähnt Sr. Francis, dass sie im Bischofshaus zu Bulawayo die Küchenschwester ver-

15 Das ist Pater Possenti Weggartner, der Stationsobere von Regina Mundi, ein Mariannhiller Missionar, der auch gegenüber dem Kultusministerium der Letzt-Verantwortliche für die Schule ist.

treten habe; etwas ganz Neues für sie – und aufregend:
»Ich glaube schon, dass ich alle zufrieden gestellt habe. Es war ein *internationales Publikum*, das ich zu versorgen hatte – Deutsche, Schweizer, Österreicher, Spanier, Holländer, je ein Schotte und ein Amerikaner, und ich weiß nicht, wen sonst noch. Mittags waren über 20 Personen zum Essen da; sie kommen auch aus den umliegenden Pfarreien, um wenigstens einmal am Tag eine gute Mahlzeit zu erhalten. Früh und abends versorgen sich die Patres selber, aber dazu nehmen sie oft auch die Essensreste vom Mittagstisch mit...
Es war oft sehr aufregend, wenn zum Beispiel der Bischof gegen Halbzwölf uns mitteilt, dass zusätzliche acht Personen zum Essen kämen, unverhofft eingetroffene Besucher! Trotzdem war es eine schöne und familiäre Atmosphäre, denn die meisten Gäste (Patres und Brüder) kamen anschließend für ein kurzes Schwätzchen in die Küche; der Speisesaal liegt ja direkt daneben.
Eine weitere Aufgabe war: Wenn nach fünf Uhr die Bürodame (Pfarrsekretärin) nach Hause ging, musste ich auch noch das Telefon bedienen, das alle paar Minuten klingelte. Sonntagvormittags (oder wenn Abendmesse war) fand ich es besonders schön, denn unsere Küche liegt hinter der Kathedrale. Ich ging gewöhnlich zur Frühmesse – konnte dann aber das Orgelspiel und die Blasmusik von allen Messen mit verfolgen. Das war schöner als Radio hören!«
Es fand damals gerade eine Messe (Industrie-Ausstellung) in Bulawayo statt, die die Ordensfrauen

besuchen durften. Dazu kommentierte Sr. Francis in ihrem Brief: »Da trat doch tatsächlich eine Bayerische Blaskapelle auf, das Alpensextett. Es war einfach wunderbar, was diese sechs Burschen fertig brachten! Erst traten sie in Lederhosen auf und spielten Schuhplattler; dann erschienen sie in Karnevalskostümen und schmetterten Faschingsschlager aus aller Welt, auch unser Humba, Humba, Täterä...«.

So ähnlich schrieb und plauderte Elsbeth in allen ihren Briefen. Besonders freute sie sich, dass es mit der Geburt unseres Georgs so gut gegangen ist – und dass wir alle wohlauf sind. Immer wieder erkundigte sie sich nach unserer Gesundheit, bedankte sich für die Post und erzählte dann aus ihrem eigenen Leben im Kloster und an der Schule. In einem Brief vom 20. November 1975, auf die Fotos von Georgs Taufe Bezug nehmend, meinte sie: »Was hat der Herrgott Euch doch hübsche Kinder geschenkt!« –

Weil einer der Lehrer, der die Aufsicht während des Abendstudiums übernehmen sollte, zur Beerdigung seines Bruders fuhr, musste Sr. Francis aushelfen. Während dieser Zeit beantwortete sie ihre Post: »Eben ist mir der Schrecken in die Glieder gefahren. Zwei Kinder, die hinausgegangen waren, um die Eimer mit Trinkwasser zu füllen, schrieen laut – und niemand wusste, warum. Die Stühle der anderen Mädchen flogen um, und schon stürmten sie nach draußen. Was war passiert? Die beiden Kleinen hatten in der Dunkelheit etwas Verdächtiges gesehen – und, typisch, fingen an zu schreien. Bis ich die Bande wieder in den Klassen hatte, war eine geraume Zeit vergangen...«

Soviel, vorerst, aus den Briefen meiner Schwester, die sie in den letzten drei Jahren ihres Lebens geschrieben hat. Die vielen Briefe aus den davor liegenden 14 Jahren hat sie leider alle vernichtet – während ihres zweiten Heimaturlaubs.
Aber was uns verblieben ist, sind zwei von ihr besprochene Kassetten; die eine an unsere Mutter Weihnachten 1974, die andere ein Jahr später. Eine dritte Kassette, für 1976 vorgesehen, hatte sie schon begonnen, aber nicht mehr fertig stellen können; ihr gewaltsamer Tod ließ es nicht mehr zu. Diese Kassetten enthalten vor allem afrikanische Gesänge ihrer Kinder sowie viel Interessantes von ihrer missionarischen Tätigkeit.

Aus dem Leben einer Missionsschwester
Neues und Wissenswertes

Die (erste) Kassette vom 24. November 1974 beginnt mit lustigen Liedern; dann spricht Sr. Francis direkt zu uns, ihren Verwandten in der Heimat:
»So, jetzt müsste ich mich eigentlich erst dafür entschuldigen, weil ich ohne Einleitung begonnen habe – mit den Liedern. Gestern kam ich nicht dazu, da ist eine Gruppe von 69 Mädchen nach Hause gegangen – und der letzte Tag (im Schuljahr, meist etwas hektisch) verläuft so: Bis mittags um 13.30 Uhr war ich noch im

Klassenzimmer; wir haben Prüfungsarbeiten geschrieben. Danach haben wir noch etwas geputzt. Dann trugen sie (die Mädchen) ihre Koffer zum Bahnhof. Davor musste ich noch das Geld, das sie bei mir aufbewahrten, verteilen. Es wird hier viel geklaut, daher geben sie mir ihr Geld zum Verwahren; sonst wäre es nicht sicher. So ist man den ganzen Tag beschäftigt. Am Abend, nach dem Essen, saßen die Jugendlichen noch in fröhlicher Runde beisammen und haben nach Herzenslust gesungen. Davon habe ich etwas (für Euch) aufgenommen und damit hat also die Kassette begonnen. Es klingt freilich nicht immer sehr harmonisch, aber die Kinder sind halt leicht »beschwipst«, weil sie nach Hause gehen. Sie freuen sich so sehr darauf.
Nächste Woche verlässt uns der zweite »Schwung« – dann wiederholt sich alles. Es sind immer aufregende Tage, weil man den ganzen Tag auf den Beinen sein muss. Die Kinder sind dann auch immer sehr laut; sie johlen und schreien den ganzen Tag herum, singen und tanzen; sie können ihre Freude nicht verbergen. Das Schlimmste kommt am Abend, wenn es Zeit zum Schlafen wäre. Aber um 12.30 Uhr müssen sie schon wieder aufstehen, damit sie rechtzeitig zum Zug kommen. Denn wir haben nur diese nächtliche Bahnverbindung. Zu unserem Pech hat es dann auch noch geregnet – und so kamen sie alle patschnass dort an, aber immer noch in guter Laune, singend und voller Vorfreude auf ihre Ferien... – Bevor der nächste »Schwung« in der kommenden Woche sich auf den Weg macht, werde ich versuchen, noch ein paar Weihnachtslieder aufzunehmen.

Ich melde mich heute erneut, heute, am Sonntag, den 24. November. Gestern Abend ist noch etwas Interessantes passiert. Ich hatte wieder Aufsicht beim Abendstudium und auf einmal wurde die Stille durch einen fürchterlichen Lärm unterbrochen. Als ich in das Klassenzimmer stürmte, wo der Lärm herkam, konnte ich wirklich nicht schimpfen: Denn die Kinder hatten zwei kleine Äffchen eingefangen; man nennt sie auch Nachtaffen. Sie fielen aus ihren Nestern herunter, die sie im Dachstuhl der Schule hatten und sprangen dann von einem Mädchen zum andern, von Schulter zu Schulter; dazwischen auf die Fensterbank und aufs Bücherregal. Eines der beiden landete sogar im Papierkorb und das andere fiel in die Schublade des Lehrerpultes. Sehr flinke und vife Kerlchen! Tagsüber schlafen sie gewöhnlich, um dann nachts umso reger zu werden. Manchmal führen sie auch tagsüber ihre Klimmzüge vor; dann ist es natürlich mit dem Unterrichten aus, weil sich die ganze Aufmerksamkeit der Kinder den Tieren zuwendet.

Heute Nachmittag um 3.00 Uhr haben wir eine Party in 3 B. Am Ende des Schuljahrs werden Preise an jene Kinder verteilt, die sich am besten betragen haben. Ferner gibt es eine Party für die Klasse, die sich als ganze gut aufgeführt hat. Diesmal ist es die 3 B; dabei werden die Kleider vorgeführt, die die Schülerinnen bei mir im Nähunterricht selbst angefertigt haben. Wenn es nicht gerade regnet, machen wir auch noch ein Klassenfoto. Ich werde für Euch noch ein paar Lieder aufnehmen...«

Klasse 3 B mit selbstgenähten Kleidern

Bei dieser Gelegenheit erwähnte Sr. Francis auch, dass der Kaugummi, den sie an die Kinder verteilt hat, von ihren Verwandten in Deutschland gestiftet wurde. Das darauf folgende Freudengeschrei war groß und nicht zu überhören. Schließlich haben die Mädchen noch bekannte Weihnachtslieder gesungen, zum Beispiel »Stille Nacht, heilige Nacht« – in englischer Sprache.

Auf der zweiten Seite des Tonbandes fährt die Afrika-Missionarin fort: »Am letzten Tag bekam ein Dieb Gewissensbisse. Mein Wecker war nämlich zum Jahresbeginn aus dem Zimmer entwendet worden. Vorige Woche, also am letzten Schultag, lag abends ein Päckchen vor meiner Tür, schön in Zeitungspapier eingewickelt. Ich dachte erst, jemand treibe Schabernack mit mir, aber als ich es aufschnürte, fand ich meinen gestohlenen Wecker wieder.

Ich fuhr dann mit der letzten Gruppe unserer Schülerinnen in die Stadt. Der Zug hatte eine Stunde Verspätung; es war nicht sehr angenehm, im Dunkeln dazustehen und bei finsterer Nacht warten zu müssen, denn der Bahnhof ist nicht beleuchtet. Nun ja, als wir endlich im Zug waren, ging alles planmäßig weiter. Wir erreichten Bulawayo um 7.00 Uhr früh; ich blieb drei Tage in der Stadt und habe alle wichtigen Einkäufe besorgt, zum Beispiel Stoffe, Garn, Scheren, Nadeln usw. – was man eben für den Nähunterricht braucht. Ich hatte Glück, denn in der Kathedrale wurde ein Weihnachtskonzert gegeben. Einfach herrlich! Es sang ein internationaler Chor, zusammengesetzt aus Schweden, Engländern, Deutschen, Holländern, Polen und Afrikanern. Der Dirigent war Schwede, er ist Direktor der Akademie in Bulawayo. Das Publikum klatschte frenetischen Beifall. Was ich besonders schön fand: Dass auch afrikanische Lieder dabei waren, begleitet von Trommeln und (anderen) afrikanischen Musikinstrumenten. Diese Songs wurden in der Sprache der Eingeborenen vorgetragen. Der Dirigent ist übrigens protestantisch, kommt aber, wie mir der Bischof verbürgte, jeden Sonntag in die Kathedrale, um die Orgel zu spielen – die Orgel, die er übrigens auf eigene Kosten repariert hat. Der arme Mann, in schwarzem Frack, tat mir richtig leid, denn es war schwül und heiß; der Schweiß lief nur so an ihm herunter.

Ja, was gibt es sonst noch zu berichten? Vom schrecklichen Unglück einer Maschine der Lufthansa in Kenia habt Ihr gehört. Sie ist kurz nach dem Start in Nairobi explodiert; unter den 58 Toten befanden sich auch vier Ordensfrauen. Heute erhielt eine unserer Schwestern einen Brief zugestellt, der stark befleckt und angerissen war – mit einer aufgestempelten Mitteilung, dass er in jenem Flugzeug transportiert worden war...

Ich werde für die Kinder ein paar Schildkröten abschicken – nur die Gehäuse. Elisabeth soll eine zum Geburtstag erhalten; und Markus wird auch eine bekommen.
Gestern Abend, als Sr. Ortrud in ihr Zimmer gehen wollte, fand sie eine große Puffotter. Sie rief uns, und wir rückten mit Rechen, Besen und Ziegelsteinen aus. Doch die Schlange war uns zu groß; wir hatten Angst und riefen daher den Bruder[16] zu Hilfe.
Zur Zeit herrscht Moskitoplage. Das ist während der Regenzeit immer so. Die Malariafliegen brüten überall, wo sie nur einen Tümpel finden. Sr. Ortrud hat in ihrem Zimmer Insektengift versprüht – und 167 tote Mücken eingesammelt. Welch ein Konzert diese Tierchen veranstalten, könnt Ihr Euch kaum vorstellen.
In den Ferien brauche ich nicht zum Kochen in die Küche zu gehen, denn in diesen Wochen werden die neuen Kleider für die Schwestern genäht, und das ist dann meine Aufgabe.
Ich hoffe, dass es Euch allen gut geht. Es eilt jetzt, denn es ist Posttag, und der Bruder hat mir verspro-

16 Sr. Francis meint Bruder Konrad Russer, ein Mariannhiller Missionar, der viele Jahre in Regina Mundi die Gewerbeschule für Schreiner- und Zimmerleute betreut hat, aber auch das große Farmgelände mit ausgedehnten Viehweiden.

chen, dass er heute etwas später fährt und mein Päckchen mitnimmt. Ich wünsche Euch ein gnadenreiches Weihnachtsfest und ein glückliches Neues Jahr!«

Für uns zu Hause war und ist es einfach wunderbar, Elsbeths Stimme noch auf Tonband zu haben; sie hören zu dürfen, die schon 30 Jahre tot ist. Jetzt, beim Abtippen ihrer Kassetten, meine ich gar, sie säße neben mir. Wirklich, diese Kassetten sind ein kostbares Juwel!

Schul- und andere Sorgen auf der einsamen Missionsstation

Die zweite von Sr. Francis besprochene Kassette (1975) beginnt mit der Abschlussparty der Schülerinnen in Regina Mundi. Sie fragte zunächst ihre Verwandten in der Heimat:
»Geht es bei Euch auch so lustig zu bei einer Schulparty? Die Musik kann den Kindern nicht laut genug eingeschaltet werden. Heute ist der letzte Sonntag mit den Kindern. Daher haben wir eine kleine Feier – mit viel Lärm, Tanz und Tamtam. Wir haben eigens einen Raum dafür hergerichtet; die Bänke und Stühle im Kreis aufgestellt. Zum Schluss sangen wir ein paar Weihnachtslieder, und ich verteilte Süßigkeiten – Plätzchen und Kamellen; die gehören immer dazu, wenn gefeiert wird. Die Bänke waren geschmückt und glitzernde Girlanden hingen von den Decken. Das ist hier so Sitte. Es erinnert eher an Fastnacht, aber es ist halt englischer Brauch. Ehe die Kinder zu Bett gingen, legte ich noch

eine Platte mit Weihnachtsliedern auf, um etwas weihnachtliche Stimmung aufkommen zu lassen. Zu Hause werden sie kaum mal etwas Ähnliches zu hören bekommen. Die meisten unserer Kinder leben noch im Busch; sie (und ihre Eltern und Großeltern) kennen kaum den tieferen Sinn von Weihnachten.
Weil unser Bruder den Generator länger als sonst laufen ließ, konnte ich sogar noch die Kassette, die Ihr mir letztes Jahr geschickt habt, auflegen. Wenn die Schülerinnen auch die Worte nicht verstehen, die Melodien kennen sie. Das habe ich eigentlich jeden Abend so gemacht – die ganz Woche über. Und ihre Gesichter strahlten jedes Mal. Viele haben sich hinterher eigens dafür bedankt, und ich wunderte mich, dass der kleine Kassettenrecorder das Haus so sehr mit Musik ausgefüllt hat. Doch dann, wenn sie im Bett liegen, herrscht absolute Stille.

So, und jetzt möchte ich Euch noch ein bisschen erzählen von dem, was letzte Woche passiert ist. Die Abschlussklasse geht etwas früher als die andern; denn wenn mal das (in England überprüfte) Examen vorbei ist, kann man sie ja doch nicht mehr beschäftigen; dann lassen wir sie vorzeitig nach Hause fahren. Am letzten Abend, genauer, in der letzten Nacht, sind elf von meinen »klugen Jungfrauen« durch die Fenster ausgestiegen, während ich wunderbar geschlafen und folglich auch nichts gehört habe. Sie waren bei einem der Lehrer, was natürlich lange vorher organisiert war, denn sie hatten ihm zehn Dollar übergeben, um die Party auszurichten...

Unsere offizielle Abschiedsfeier hatte schon davor stattgefunden, in der Schulaula, wo alle Lehrer und alle Kinder versammelt waren. Es war eine schöne Feier, und die Mädchen hätten eigentlich keinen Grund gehabt für eine zweite Party. Wie wir später herausfanden, sind sie gegen 10.00 Uhr durch die Fenster ausgestiegen und haben sich dann klammheimlich bei jenem Lehrer, einem Junggesellen, eingefunden; zu einem verheirateten Lehrer wären sie wohl nicht gegangen. Dort wurde viel getrunken, zu viel, denn einige waren richtig »besoffen«. Das kam so heraus: Sie wollten den Nachtzug noch erreichen, aber eines der Mädchen, ein behindertes, konnte mit ihren Krücken nicht mehr recht laufen, und unser Bruder hat sie dann zum Bahnhof gebracht. Unterwegs fand er einige Mädchen im Graben, sternhagelvoll.

(Das hatte natürlich ein Nachspiel) Wir ahnten zwar schon vorher, dass sie bei jenem Lehrer gelegentlich eingeladen waren, aber das waren Gerüchte, und bislang wurde niemand erwischt. Über andere Mädchen, die nicht dabei waren, fanden wir dann alles heraus. Sie schrieben informative »Brieflein« und warfen sie zu mir herein durchs offene Fenster.

Ja, das war das unschöne Ende – nachdem wir (Schwestern und andere Lehrer) uns vier Jahre damit abgeplagt hatten! Sonst, während der Jahre, hatten sie (die Schülerinnen) sich immer sehr gut benommen, und wir dachten wirklich, es sei eine ordentliche Klasse, viel netter als die vom Vorjahr. Natürlich würden wir den Lehrer gerne los, aber so schnell bekommt man keinen neuen, zumal keinen Mathematiklehrer; die sind sehr gefragt.

Fürs nächste Jahr sieht es nicht sehr rosig aus an unserer Schule. Sr. Ortrud ist auf Heimaturlaub; eigentlich sind ihre drei Monate schon um, aber sie ist wieder krank geworden und hat eine Operation hinter sich. Es war ein Geschwür, ähnlich wie vor sechs Jahren. Dazu kam ein Autounfall – mit Schädelbruch – nachdem sie das Krankenhaus schon verlassen hatte und meinte, alles sei geheilt. Sie lag bei unseren Schwestern in Paderborn. Der Unfall war passiert, glaube ich, als sie mit einer Nonne aus Neuenbeken mit dem Auto unterwegs war... Noch vor Weihnachten wollte sie wieder bei uns (hier in Regina Mundi) sein. Aber, wie gesagt, sie wurde abermals krank und man hat sie an das Tropeninstitut überwiesen. Sie selber meint, es sei ein Malaria-Fieber oder etwas Ähnliches. Genaues hat sie uns nicht mitgeteilt. Wir haben leider auch für sie keinen Ersatz. Obschon es viele Lehrer hierzulande gibt, ich meine afrikanische, aber um den Passenden zu bekommen, der ihre Fächer übernehmen kann, das ist schwierig... Übrigens, unsere Weihnachtsferien sind diesmal nicht so lang. Der gesamte Schulkalender wurde geändert. Die Ferien sind jetzt während des Jahres etwas länger, dafür wurden die Weihnachtsferien kürzer. Das ist eigentlich schade, denn jetzt, in den Dezember und Januar, fallen die afrikanischen Sommerferien – und genau da wollen doch die meisten Leute verreisen... Sr. Ortrud schrieb mir neulich gleich zwei Briefe; es seien auch ein paar kleine Päckchen für uns unterwegs, darin für mich ein paar Kassetten. Sie bekam sie geschenkt – und hat Musik aufgenommen, darunter 57 oder 58 Weihnachtslieder; der Rest sei klassische Musik. Hoffentlich kommt diese Sendung noch vor Weihnachten an; oder wenigstens in den Ferien. Dann hat man mehr Zeit, sich so etwas zu gönnen. Während der Schulzeit kommt man doch nicht dazu.

Allerlei Probleme mit Internat und Schule und Bahn

Heute ist schon Sonntag, der 4. Dezember (1975). Ich bin früher einfach nicht dazu gekommen. Auch hatte ich keine Batterien, und um alles abends aufzunehmen, wenn wir selber Strom machen, das klappt selten; da gibt's immer so viel anderes zu tun, vor allem die Geldabrechnung mit den Mädchen. Dazu die Arbeit mit den Fahrkarten! Die Kinder geben uns ihr Geld zum Aufbewahren, damit es nicht geklaut wird, doch dann, vor den Ferien, müssen wir alles wieder verteilen... Schließlich ist da noch die ganze Putzerei am letzten Schultag sowie der Transport des Gepäcks zum Bahnhof. Zusätzliches Pech: Es hat geregnet, den ganzen Tag, und man konnte draußen kaum etwas tun. So dankbar wir auch für den Regen sind, aber meistens kommt er dann doch ungelegen. Trotzdem gut, dass wir ihn haben! Jetzt ist sowieso alles vorbei; die Kinder sind über alle Berge – und zu Hause.

Ich musste sie wieder im Zug begleiten – bis nach Bulawayo. Die Bahn gibt uns (Schwestern) Freikarten für hin und zurück; sogar Erster Klasse! Eben damit wir auf die Kinder aufpassen. Im Allgemeinen haben sie sich diesmal ordentlich benommen. Ich habe anschließend in der Stadt wieder meine Einkäufe erledigt; dazu brauchte ich zwei Tage. Ich hatte eine lange Liste. Die Rechnung beläuft sich auf 500 bis 600 Dollar. (Was das in D-Mark bedeutet? Etwa mal fünf!)

Man merkt schon, dass man nicht mehr alles bekommt – wegen der über Rhodesien verhängten Sanktionen. Ob die wieder verschärft wurden? Ich habe nicht alles bekommen, was ich einkaufen wollte. Da läuft man sich die Beine müde – von einem Geschäft zum andern – und geht dann doch leer aus. Ich kaufe natürlich alles im Großhandel. Aber einige Sachen waren doch nicht zu bekommen; so musste ich kleinere Geschäfte angehen; im Einzelhandel. Und da war alles etwas teurer, nicht viel, aber bei einem Einkauf für 200 Kinder summiert sich das.

Leider können nicht alle Klassen Nähunterricht bekommen; dazu fehlen uns zwei Lehrkräfte und auch die Nähzimmer. Aber ich bestehe darauf, dass jedes Mädchen seine eigene Nähaussteuer kauft – also Scheren, Nadeln, Zentimeterband, Garn usw. Denn wenn wir diese stellen, das heißt anfangs der Stunde austeilen und am Ende wieder einsammeln wollten, dann würden viele Utensilien fehlen, und wir bekämen dabei noch graue Haare, weil wir ja nie herausfinden könnten, wer seine Sachen nicht zurückgegeben hat! Also kauft jedes Kind, was es braucht...

Den Stoff für die Blusen, Röcke und Nachthemden müssen wir natürlich auch besorgen, je nachdem, was wir gerade mit dieser oder jener Klasse vorhaben. Die Neuankömmlinge machen zuallererst für sich selber eine sogenannte Nähschürze mit vier Taschen, um darin ihre Nähutensilien aufbewahren zu können. Diese ziehen sie während des Unterrichts über, damit die anderen Nähsachen nicht schmutzig werden, denn gegen Wochenende sind ihre Kleider (Uniformen) auch nicht mehr so sauber.

Nun ja, bis man immer das Richtige gefunden hat, die korrekte Farbenzusammenstellung, geht viel Zeit verloren. Dazu noch all der Kleinkram wie Nadeln, Druckknöpfe, Stecknadeln, Knöpfe, Nähgarn usw. Aber ich mache das ja schon seit sechs Jahren; ich weiß ungefähr, wie viel Material wir brauchen. Bis jetzt habe ich das immer gut abgeschätzt. Ich kaufe den Stoff rollenweise. Natürlich muss man immer

Sr. Maria-Francis mit einer Lehrerinnenabschlussklasse

etwas mehr kaufen; manchmal sind Fehlstellen im Stoff, oder die Rolle ist nicht aus einem Stück. So muss ich für jedes Kind auch die Meterzahl abmessen – und zwar in den Ferien. Denn, wenn die Schule beginnt, muss jede Schülerin ihre Stoffmenge bekommen. Dann erspart man sich am ersten Schultag viel Zeit.

Der Zug sollte abends um 11.00 Uhr an der Gwaaistation abfahren; es war ein Sonderzug, aber nicht im üblichen Sinne, sondern ein Güterzug, an den ein paar Waggons extra für unsere Schulkinder angehängt wurden. Man muss das schon sechs Monate vorher bei der Eisenbahnbehörde anmelden; dann klappt das.
So sind wir denn um Halbelf aus dem Haus gegangen; der Pater hat uns hingebracht. Wir sollten unterwegs noch ein paar Leute mitnehmen, wie verabredet, aber die haben noch geschlafen, und mussten erst noch geweckt werden. Bis diese dann fertig waren, verging viel Zeit. Als wir uns schließlich dem Bahnhof näherten, hörten wir schon den Zug von weitem näherkommen. Der Pater gab Gas – und wir schafften es gerade noch im letzten Moment. Der Schaffner hatte schon auf uns gewartet, weil gewöhnlich zwei Schwestern mitkommen. Kaum waren wir eingestiegen, da fuhr er schon ab.
Um 5.00 Uhr sollten wir in der Stadt ankommen, aber wir hatten ja Verspätung; so war es kurz vor 6.00 Uhr. Der Bahnhof von Bulawayo ist am Rande der Stadt; bis wir zur Kathedrale kommen, braucht das schon noch einige Zeit. Dort führen unsere Schwestern den Haushalt für den Bischof und die Patres; wir können

dort immer unser Gepäck abstellen – und zum Mittagessen bleiben. Hier hatte ich damals (Ihr erinnert Euch noch?) die Küchenvertretung übernommen!
Wir erfrischten uns kurz – und gingen dann gleich in die Bischofskapelle, wo die heilige Messe gerade begonnen hatte.
Inzwischen hörte es auf zu regnen, und wir konnten unsere Einkäufe erledigen – nicht nur für die Schule, sondern auch für die Mission. Was man halt so braucht, wenn man nur alle paar Monate mal in die Stadt kommt. Wir hatten viel zu laufen, und ich war (am Abend) hundemüde; man muss ja alles zu Fuß ablaufen, den ganzen Tag über. Manche Geschäfte haben nicht alles vorrätig; dann muss man andere probieren, vielleicht am anderen Ende der Innenstadt. Also Ihr könnt Euch vorstellen, wie kaputt man am Abend ist; ich bin nur so ins Bett gefallen und habe durchgeschlafen bis zum nächsten Morgen.
Wir hatten auch noch Gartenmöbel einzukaufen, nämlich Eisenstühle bzw. Sessel. Da war von dem Brücker[17] Geld noch etwas übrig; so konnten wir uns auch einen gebrauchten Gartentisch und einen Sonnenschirm genehmigen.

Zwischen Schule, Picknick und Schlangenjagd

Hoffentlich wird Euch mein Gequassel nicht zu langweilig. Es sind keine Kinder mehr da; drum muss ich

17 Brück ist ein rechtsrheinischer Stadtteil von Köln, wo die Mutter von Sr. Francis lebte

alles selber besprechen; kann auch die Kinder nicht mehr singen lassen. Nun ja, vielleicht interessiert es Euch doch.
Gestern bin ich in ein anderes Gebäude umgezogen. Vielleicht könnt Ihr Euch noch an das Dia erinnern – mit den neuen Schlafsälen, die außen rot angemalt sind? Dort schlafen die größeren Mädchen, die von der Abschlussklasse. Die anderen haben alle Angst, wegen der »Geschehnisse« der letzten Tage; auch, weil Gerüchte im Umlauf sind, dass dies nicht das einzige Mal gewesen sein soll! Also die anderen Mädchen waren jetzt eingeschüchtert. Daher habe ich mich angeboten, bei ihnen zu schlafen. Angst habe ich keine, weil ich das schon sechs Jahre lang mache, nur war ich bisher bei den kleineren Schülerinnen. Mein Zimmer ist wieder schön eingeräumt, die Bilder hängen an der Wand, und in der letzten Nacht habe ich erstmals hier geschlafen. Es ist geräumig und hat sogar vier Fenster, während in meiner alten »Bude« nur eines war. An sehr heißen Tagen kann ich genug frische Luft bekommen – ein großer Vorteil im Vergleich zu meinem früheren Zimmer!
Für den 30. Dezember haben wir ein Picknick geplant – und zwar zusammen mit den Schwestern, Patres und Brüdern einer anderen Missionsstation. Der Pater Rektor[18] dort hat schon angerufen; er will einen

18 Gemeint ist Pater Waldemar Regele CMM, ein gelernter Metzgergeselle, ehe er studierte und dann Mariannhiller Missionar wurde. Vgl. »Allerliebster Pater Waldemar, i mog di!« Würzburg. 2. Auflage 2003

Ochsen schlachten, und wir werden dann draußen das Fleisch am Spieß rösten. Ich meine, wir hätten das auch verdient nach der schweren Arbeit das ganze Jahr über. Wir hatten ja auch keinen Urlaub; daher machen wir jetzt wenigstens einen Tag lang blau. Schon sind wir am Überlegen, wie wir das anstellen sollen, wenn alle mitgehen? Schließen wir alles ab, oder wird eine Schwester zurückbleiben? Wir werden morgens mit dem Auto hingefahren und kehren abends zurück. Ich freue mich schon riesig darauf, und ich wünschte, Ihr könntet dabei sein.

Nun hätte ich fast das Wichtigste vergessen: Es sind in letzter Zeit zwei Pakete angekommen; ich glaube, ich habe mich für das kleinere bei Mama schon bedankt. Ich habe in meinem Brief alles aufgezählt, was drin war, damit sie sieht, dass nichts verloren gegangen ist. Hinterher habe ich gemerkt, dass ich vergessen habe, den Traubenzucker zu erwähnen. Auch dafür danke ich herzlich. In der letzten Woche – bei soviel Arbeit – kam er mir wirklich sehr gelegen! Vorige Woche kam das große Paket hier an; ein herrliches Geschenk, das Euch sicher viel gekostet hat. Ich habe noch nichts davon verteilt, habe es nur geöffnet und überprüft, ob noch alles drin war. Es war alles noch schön verpackt, ging also auch so durch den Zoll. Ich meine, jetzt in der Weihnachtswoche drücken sie (die Zöllner) schon mal ein Auge zu. Ich musste nichts zahlen – und werde die Sachen für unser Picknick aufheben und dann austeilen, damit alle etwas davon haben. Am Freitag kam das Weih-

nachtspäckchen von Zissi. Auch dafür danke ich herzlich. Ich sehe gerade, die Kassette ist noch nicht voll; also muss ich weiter quasseln...
Wie schon erwähnt, hatten wir Regen; zum ersten Mal seit April oder Mai! Ihr könnt Euch nicht vorstellen, wie trocken es hier war. Es gab kein Grashälmchen mehr. Ich wunderte mich umso mehr, dass die Bäume noch grün waren; sonst war alles wie in der Wüste. Zum Glück haben wir auf der Station keinen Grund zur Klage; uns stehen mehrere gute Bohrlöcher zur Verfügung. Aber wir hatten nicht genug Diesel (für die Motorpumpen) und mussten daher stundenweise das Wasser abstellen. Auch der Generator (Lichtmaschine) zur Stromerzeugung lief abends nur anderthalb Stunden. Und jetzt in den Ferien geht das Licht schon um Viertel vor Neun aus; man kann sich also nicht zu viel vornehmen...

Wir haben auch schon zwei Schlangen gejagt, direkt vor meiner Tür. Natürlich kommen mit dem Regen millionenfach Käfer und Termiten; Letztere nennt man auch fliegende Ameisen. Kaum zu glauben, wie viele Käfer (und andere Tierchen) man hier abends zusammenkehren muss, wenn man vergisst, die Hoflampe auszumachen. Sr. Ortrud, die vor mir hier geschlafen hat, hat einmal einen ganzen Wassereimer voll Käfer zusammengefegt. Daher ziehe ich es vor, die Lampe auszuschalten und stattdessen mit einer Taschenlampe das Haus zu betreten. Ganz ohne Licht sollte man nicht sein; denn die Schlangen können überall auflauern. Einmal lag eine direkt vor dem

Hauseingang! Sieht man sie nicht und tritt im Dunkeln (und aus Versehen) darauf, dann könnt Ihr Euch vorstellen, was passieren wird...«

Auf dieser Kassette spürt man der Stimme meiner Schwester Elsbeth deutlich die große Enttäuschung an. Das ist durchaus verständlich – nach dem ganzen Debakel mit der Dummheit und Hinterhältigkeit ihrer Abschlussklasse!
Aber ihre Stimme, so empfinde ich jetzt beim Wiederhören, wirkt auch sehr müde. Sie und die anderen Schwestern hatten die Ferien bitter nötig. Da kann man sich auch vorstellen, wie sehr sie sich über ein einfaches Picknick gefreut haben. Hinzu kam natürlich noch die nervliche Belastung durch den Bürgerkrieg samt seinem psychischen Druck.

Sr. Maria-Francis

8.

Eindrücke und Erlebnisse während der beiden Heimaturlaube

In den neun Jahren, seitdem meine Schwester Elsbeth (Sr. Maria-Francis van den Berg) uns verlassen hat, um in der Afrikamission zu wirken, hat sich bei uns zu Hause viel verändert.

Vater war gestorben – und wir, mein Bruder und ich, haben geheiratet und eigene Familien gegründet. Hubert und seine Frau Brigitte Hagdorn hatten bereits ihren Sohn Markus, und ich (Franziska, von Elsbeth meist nur Zissi genannt) und mein Mann Reinhold Abbing bekamen gerade unser drittes

Weihnachten 1968 bei der Mutter

Sr. Maria-Francis mit Mutter u. Geschwistern

Mädel – zu Elisabeth und Angelika kam jetzt noch Manuela. Als Elsbeth zum ersten Mal auf Urlaub kam, war Manuela noch ein Baby.

Es muss für sie schwer gewesen sein: Anstatt ihren geliebten Vater zu sehen, traf sie jetzt auf viele neue Gesichter. Aber sie hat sofort alle akzeptiert und verstand sich wunderbar mit ihnen.
Damals, 1969, blieb sie sogar über die Karnevalstage bei uns und feierte mit den Kindern. Sie nahm die Kleinen an die Hand und tanzte mit den verkleideten Clowns in unserem Zimmer bei rheinischen und kölschen Karnevalsliedern. Die Kinder haben sie gleich ins Herz geschlossen. Während dieses (ersten) Urlaubs machten wir eine gemeinsame Fahrt zum Drachenfels bei Königswinter und ans Grab von Konrad Adenauer in Rhöndorf. Die beiden älteren Kinder,

Elisabeth und Angelika, waren dabei. Als Angelika, gerade zweieinhalb Jahre alt, den Turm des Kapellchens auf dem Rhöndorfer Friedhof sah, sagte sie: »Mama, schau, da ist der Kölner Dom!« Wir alle, auch Elsbeth, mussten darüber herzlich lachen. Anschließend sind wir den Berg hochgekraxelt bis zu den Ruinen und haben den schönen Ausblick über das Rheintal und die Insel Nonnenwerth genossen. Natürlich unternahmen wir auch mehrere Rundfahrten ins Bergische Land, in unsere alte Heimat – unsere Mutter war immer dabei, auch als wir zum Niederrhein fuhren und nach Westfalen, wo viele unserer Verwandten wohnten. Während dieser Fahrten hat Elsbeth immer wieder von ihren Erlebnissen in Afrika erzählt, und überall, wo wir hinkamen, wurde sie mit großer Freude und viel Interesse aufgenommen.

Sr. Maria-Francis
Frühjahr 1969 in Refrath mit Mutter, Angelika u. Manuela

Dabei kam auch einiges an Spendengeld für die Afrikamission zusammen, was dort dringend gebraucht wurde. Auch bei uns in St. Elisabeth zu Refrath hielt Elsbeth einen Lichtbildervortrag sowie in St. Hubertus in Köln-Brück, wo unsere Mutter damals lebte. Mit Pfarrer Eiserloh entstand sogar ein sehr freundschaftliches Verhältnis. An besonderen Anlässen wie Pfarrfest und beim Abhalten von Gemeindebasaren wurde künftig immer auch ihrer Missionsstation gedacht. Dafür war Elsbeth stets recht dankbar.
Am Palmsonntag 1969 ging schließlich ihr erster Heimaturlaub zu Ende. Wir brachten sie mit dem Auto ins Mutterhaus nach Heilig Blut in Holland. Von dort aus trat sie ihre Rückseite nach Rhodesien an.

Ihre zweite Ferienreise nach Deutschland begann Sr. Maria-Francis am 22. Juli 1973; von Bulawayo aus flog sie mit einer Boeing 737 (via Johannesburg, Südafrika) bis Frankfurt; dort haben wir sie abgeholt, da der Flieger nicht bis Köln-Wahn geflogen ist. Wir hatten die ganze Familie dabei, samt Oma und Kindern. Reinhold musste direkt anschließend zum Dienst; so steuerte ich den Wagen zurück bis Köln-Brück und Refrath. Dieser Urlaub war leider nur sehr kurz. Deswegen haben wir nicht ganz so viele Ausflüge unternehmen können wie beim ersten Mal. Für Elsbeth sollte es ja *Urlaub* sein, und nicht nur anstrengendes Herumreisen. Damals fand gerade das Sommerfest in St. Hubertus statt, und so konnte sie gleich während der Messe vom Ambo aus über ihre Tätigkeit in Afrika berichten. Ich glaube, es hat sich

gelohnt; die Köln-Brücker waren großzügig mit ihren Spenden.
Während ihres Urlaubs hat Elsbeth auch an Mutters alter Pfaff (Nähmaschine) gearbeitet. Damals kamen die Polyesterstoffe in Mode, die man nicht zu bügeln braucht. Das fand sie einfach toll. Sie fuhr mit Mama nach Köln und besorgte sich weißen Stoff. Davon nähte sie sich ein neues Ordenskleid; das musste man nur noch waschen und trocknen lassen; dann konnte man es sofort wieder anziehen. Sie hatte viel Freude daran; das haben mir später ihre Mitschwestern berichtet. Dieses Kleid liebte sie sehr; man hat es ihr schließlich auch auf dem Totenbett angezogen.
Natürlich wurden, weil gerade in der Stadt, weitere nützliche Dinge gekauft, vor allem solche Sachen, die sie in Afrika nur schwer bekommen konnte: Bestimmte Wäschestücke, Näh-Utensilien, Sandalen usw. Doch insgesamt hatte sie keine großen Wünsche und schon gar keine Forderungen. Sie freute sich über viele Kleinigkeiten wie zum Beispiel Früchtetee, Tütensuppe oder selbstgebackene Plätzchen; die würde Bischof Schmitt so gerne essen, sagte sie.
Wenn die Schwestern von zu Hause Pakete bekamen, dann wurde brüderlich / schwesterlich geteilt; so konnten sich alle mitfreuen. – Die Sandalen wurden übrigens, wie seinerzeit die schwarzen Schuhe, einzeln und in Säckchen verstaut, als »Muster« per Post nach Rhodesien geschickt. Was mögen sich bloß die Postbeamten in Bulawayo dabei gedacht haben?
Während ihres Urlaubs hat Elsbeth, als sie bei uns in Refrath war, ihre früheren Briefe entdeckt, die ich in

einem Ordner gesammelt und aufbewahrt hatte. Sie meinte, »das Zeug interessiert doch niemanden mehr« und hat sie alle vernichtet. Nur ein paar wenige habe ich retten können. Unserer Mutter muss es wohl ähnlich ergangen sein; auch ihr verblieben nur noch wenige Briefe. Wir nehmen an, dass Elsbeth auch bei ihr »aufgeräumt« hat. Sehr schade und bedauerlich! Um so dankbarer sind wir für die wenigen uns noch erhaltenen Originale.
Von dem intensiven Briefverkehr zwischen Sr. Francis und Pfarrer Eiserloh von St. Hubertus in Köln-Brück war schon die Rede. Sie informierte ihn regelmäßig über alles, was auf der Missionsstation sich so ereignet hatte, und freute sich natürlich umso mehr über die Spenden, die alljährlich bei den Pfarrfesten zusammenkamen, von denen je die Hälfte für Regina Mundi bestimmt wurde.
Am 6. September 1973 ging ihr zweiter Urlaub zu Ende. Der Rückflug war auf 21.20 Uhr ab Frankfurt gebucht. Wir brachten sie wieder zum Flughafen. Der Abschied fiel uns Zurückgebliebenen besonders schwer, wussten wir doch um die politischen Unruhen in Rhodesien und anderen afrikanischen Ländern. Es war für meine Schwester gewissermaßen eine Reise ins Ungewisse. Ob wir uns jemals wieder sehen würden?

Sr. Francis war also wieder auf ihrer alten Missionsstation Regina Mundi am Gwaaifluss, Rhodesien,[19]

[19] Rhodesien hieß dieses Land ursprünglich nach dem britischen Kolonialisten Cecil Rhodes; später wurde daraus Südrhodesien zum

als Lehrerin tätig. Ihr Tagesablauf war mehr oder weniger immer der gleiche. Sie rackerte sich ab und war von früh bis spät für die Kinder da. Und die gelegentlichen Einkäufe in der Stadt waren nicht weniger anstrengend; davon hat sie selber immer wieder erzählt, meist im Zusammenhang mit der Betreuung der Internatsschülerinnen auf dem Weg nach Bulawayo. Aber sie freute sich schon auch auf diese Abwechslungen; oft wurden diese Gelegenheiten jedoch mit Zahnarztbesuchen verbunden.

Gelegentlich ließ sie uns auch teilhaben an ihren Erfahrungen und Erlebnissen mit den Jugendlichen, die noch in einer ganz anderen Welt zu Hause waren. Ein Mädchen äußerte sich einmal ganz erstaunt darüber, dass die Europäer nicht glücklicher aussähen; sie hätten doch alles Geld der Welt! Und wenn sie keines mehr hätten, bräuchten sie nur zur nächsten Bank zu gehen, um welches abzuheben.

Gelegentlich machten die Schwestern auch Klassenausflüge – und zwar per Bahn zu den weltberühmten Viktoriafällen am Sambesi. Da Regina Mundi in der Nähe des Wankie-Tierreservates gelegen und auch nicht sehr weit von der Kalahari-Halbwüste entfernt ist, verirrten sich schon mal ein paar wilde Tiere bis auf die Station.

Unterschied von Nordrhodesien. Beide Länder waren für wenige Jahre in der »Föderation Rhodesien und Nyassaland« vereinigt. Als diese Anfang/Mitte der 60-er Jahre wieder auseinanderbrach, nannte sich Südrhodesien wieder (nur noch) Rhodesien, denn der nördliche Teil war inzwischen in Sambia umbenannt worden; aus Nyassaland wurde Malawi.

Als der Bürgerkrieg in den 70-er Jahren immer intensiver und brutaler geführt wurde, war Matabeleland eine der Hochburgen der Freischärler bzw. Terroristen. Ihre Trainings- und Ausbildungslager befanden sich, sorgsam im Busch versteckt, bisweilen in der Nähe der Missionen. Damals wurden viele weiße Farmer überfallen und ermordet; aber auch zahlreiche Afrikaner fanden während dieser Unruhen den gewaltsamen Tod.

Die prekäre Lage war wohl allen Bewohnern des Landes bewusst, auch den Missionaren auf ihren einsamen Stationen. Aber sie hofften, vom Schlimmsten verschont zu bleiben. Dass dem nicht so war, darüber erfahren wir gleich mehr im nächsten Kapitel.

9.

Der Bürgerkrieg in Rhodesien und die Situation der Missionare

Briefwechsel mit den Lieben zu Hause

»Vertraue Gottes Weg.
Sag Ja zu den Überraschungen,
die deine Pläne durchkreuzen,
deine Träume zunichte machen,
deinem Tag eine ganz andere,
überraschende Richtung geben –
ja vielleicht deinem ganzen Leben.
Sie sind kein Zufall.
Lass dem Himmlischen Vater die Freiheit,
selber den Weg deiner Tage zu bestimmen.
(DOM HELDER CAMARA)

Wie schon erwähnt, herrschte in den 70-er Jahren in Rhodesien ein mörderischer Bürgerkrieg. Die Lage der Weißen, auch der Missionare, wurde immer brisanter. Meinen Vorschlag, sich nach Europa versetzen zu lassen, lehnte Elsbeth strikt ab, auch dann, als ich mich bereit erklärte, für die Reisekosten aufzukommen. Sie wollte bei ihren schwarzen Brüdern und Schwestern bleiben; bei denen, für die sie so viele Jahre ihres Lebens tätig gewesen ist – und die ebenso gefährdet waren wie die Weißen. Ihnen wollte sie Mut machen; wollte ihnen zeigen, dass sie zusammengehören.

In den Monaten vor dem grausamen Überfall ließ meine Schwester doch hin und wieder durchblicken, dass es unruhig geworden sei, aber meistens fügte sie rasch hinzu: »Hoffentlich macht Ihr Euch keine zu großen Sorgen!«
Sie hat Mama geschrieben, sie solle uns (den Geschwistern und anderen Verwandten) den Brief zeigen, den sie ihr geschickt hatte. Darin heißt es: »Uns geht's gut. Von Krieg keine Spur. Die Terroristen hausen nur an der Grenze (gemeint ist die Grenze zu Sambia), und das geht schon lange so. Hier auf der Station ist so viel los, dass wir gar keine Zeit haben, uns (über die politischen Unruhen) aufzuregen«.

So erzählt sie auch weiterhin in ihren Briefen von dem ganz normalen Alltag – wie gehabt. Am 10. Mai 1976 zum Beispiel, dass sie in den Schulferien Stoffe und Schnittmuster für ihre Klassen vorbereitet habe. Oder dass sie an einem Sonntag mit Bischof A. G. Schmitt dessen Jubiläum[20] gefeiert hätten; es sei ein richtiges Familienfest gewesen; ein schöner Tag, den man so schnell nicht vergesse. Sie hätten eine Gitarren-Messe eingeübt, die gut angekommen sei; der Bischof sei zu Tränen gerührt gewesen.
Eine Woche später, am 18. Mai, sandte sie mir aus Bulawayo einen Rundbrief, der von Seiten der rhodesischen Regierung kostenlos in diversen Sprachen

20 Es war ein Doppeljubiläum: Bischof Schmitt wurde am 19. März 1931 in Würzburg zum Priester (Mariannhiller Missionar) und am 3. April 1951 in den USA zum Bischof geweiht.

verteilt wurde, um vor allem die Ausländer im Lande zu beruhigen bzw. deren Verwandte in Europa. Darin hieß es, die Weltpresse führe einen psychologischen Krieg gegen Rhodesien, in Wahrheit aber lebten Schwarze und Weiße friedlich miteinander.
Elsbeth fügte hinzu: »Habt keine unnötige Angst! Unsere Generaloberin kam zu uns auf Besuch, um zu sehen, wie es um uns steht; und auch der Generalsuperior der Missionare von Mariannhill aus Rom war hierher gekommen. Beten wir also gemeinsam, dass alles gut ausgeht...«
In einem Brief vom 27. Mai 1976 erwähnt sie, dass sie mitten im afrikanischen Winter steckten, und dass ihr in Köln erstandener Anorak gute Dienste tue.
Ein weiterer Brief – vom 8. August 1976 – bezieht sich auf unsere Familie in Deutschland; sie bedankt sich für das Foto von unserem kleinen Georg und erwähnt, ihre schwarzen Schülerinnen seien in den Knirps so richtig verknallt. Sie hätten ihr das Bild fast aus der Hand gerissen. Leider, so fährt sie fort, sei das Wetter scheußlich; sie hätten nachts sogar Frost und würden beim Frühstück regelrecht zittern. Aber all das nahm den Schwestern nicht ihren guten Humor; so zitierten einige ihrer Mitschwestern die bekannten Verse: »Und dräut der Winter noch so sehr mit trotzigen Gebärden, und streut er Eis und Schnee umher, es muss doch Frühling werden!«

Am 11. September desselben Jahres fragt sie in ihrem Brief, wie immer, zuerst nach dem Wohlergehen unserer Kinder, erzählt vom inzwischen fertig gestell-

ten Schwimmbad ihrer Schule, aber auch von ihren Sorgen um die schwarzen Mädchen...
Über ihre Zugbegleitung (von Gwaai nach Bulawayo) erwähnt sie sogar die lobenden Worte eines Eisenbahninspektors: »Er kam zweimal zu mir ins Abteil und sagte, die Kinder seien so höflich und würden sich sehr gut benehmen. So etwas tut gut; so ein Löbchen, nachdem ich auch schon ganz andere Sachen mit ihnen erlebt habe.«
Etwas später greift sie ein ganz anderes Thema auf: »Zur Zeit machen die Terroristen die Landregion in unserer Umgebung unsicher. Sie haben es vor allem auf die einsamen Farmhäuser der Weißen abgesehen. In der Nähe unserer Station wurde ein Mann abends beim Essen erschossen – durch das Fenster hindurch. Die Farmleute hatten offensichtlich vergessen, die Vorhänge zuzuziehen; so war es für die Banditen ein leichtes Spiel... Unsere Missionare wurden bislang noch nicht angegriffen. Aber wie wird es weitergehen?«
Das war das erste Mal, dass Elsbeth (in ihren Briefen an ihre Verwandten daheim) andeutete, in welch gefährlicher Gegend sie lebte und wie brisant sich die politische Lage inzwischen zugespitzt hatte.
Wir – im Großraum von Köln – verfolgten natürlich sehr aufmerksam die politische Entwicklung in Rhodesien. Es wurden immer häufiger Überfälle auf weiße Farmer bekannt, aber auch auf schwarze Landleute. Die Medien lieferten uns diese Horrormeldungen schier täglich ins Haus. Mit banger Sorge lasen wir die Zeitungen, hörten die Radiomeldungen und sahen im Fernsehen Bilder von den Tatorten...

Später, in ihrem Schreiben vom 5. Oktober 1976, kommt Sr. Francis abermals auf die große Hitze zu sprechen; die Felder seien ausgetrocknet; loser Sand wirbele übers Land. Wenn sie vom Internat zur Kirche oder zum Konvent gehe, habe sie ihre Schuhe schon voller Sand und müsse sie ausleeren.

Zum politischen Geschehen meint sie: »Über die Verhandlungen mit Henry Kissinger[21] habt Ihr ja sicher alles im Fernsehen verfolgt. Für jeden vernünftigen Menschen müsste das doch eine gute Lösung sein. Ob aber alles so glatt gehen wird, wie geplant, ist eine andere Sache. Eine Bedingung ist ja, dass sofort alle Aktivitäten der Terroristen eingestellt würden – was diese kaum tun werden. Sie werden von den Kommunisten ausgebildet und erhalten ihre Waffen auch von ihnen. Andererseits sind die afrikanischen Wortführer untereinander keineswegs einig; sie arbeiten kaum mal zusammen. Na gut, wir wollen nicht schwarzsehen... Am 15. Oktober soll in Rhodesien ein Gebetstag stattfinden; zwischen 12.00 und 13.00 Uhr wird überall die Arbeit ruhen, damit allen die Chance gegeben werde, an den Betstunden in den Kirchen teilzunehmen. Dazu hat sogar die Regierung aufgerufen – und es übers Radio bekannt machen lassen.«

Damals tagte gerade die Genfer Konferenz, woran die drei großen rhodesischen Parteiführer teilnahmen:

21 Der deutschstämmige Außenminister der USA hat versucht, zwischen der (weißen) Regierung in Salisbury, den schwarzen Freiheitskämpfern und den Briten zu vermitteln.

Der weiße Premier Ian Smith sowie die schwarzen Nationalistenführer Robert Mugabe und Joshua Nkomo. Leider kam es damals nicht zur Einigung.
Nach ihren Anmerkungen zur Tagespolitik erwähnte meine Schwester wieder den neuen Swimmingpool in Regina Mundi, der etwas Herrliches sei in der afrikanischen Hitze. Anstatt (anderen) Sport zu treiben, schwimmen die Mädchen jetzt immer häufiger im Pool. Die Nonnen hatten infolgedessen noch mehr zu tun; sie hatten auch die Aufsicht am Schwimmbecken. Damals, so erzählte Elsbeth schmunzelnd weiter, sei ihnen, den Ordensfrauen, erlaubt worden, »dünne braune Damenstrümpfe« zu tragen; es müssten nicht mehr unbedingt »dicke wollige weiße« sein.

Im nächsten Schreiben, vom 24. Oktober 1976, ist erneut von der »großen Hitze« die Rede, die bleiern über der Station hänge: »Es bewegt sich kein Lüftchen; wenn man das Haus verlässt, meint man, den Kopf in einen Backofen zu stecken.«
Mit dem Schwimmen gehe es immer besser und sie freue sich, jetzt die Hitze besser aushalten zu können: »So heiß wie heute ist es schon lange nicht mehr gewesen. Nach dem Kaffee gehen wir Schwestern schwimmen; heute ist ja Sonntag; am Morgen waren die Kinder dran – klassenweise. Bei der Aufsicht wäre ich am liebsten auch gleich mit hineingesprungen. Aber das geht nicht; da muss man die Augen offen halten, damit nichts passiert.« Am Himmel, so fuhr sie fort, stünden immer noch keine Wolken; nach Regen sehe es noch nicht aus...

Sr. Maria-Francis blieb also – wie fast alle anderen Missionare auch – freiwillig im Kriegsgebiet. Sie alle waren sich der großen Gefahr bewusst. Einige Stationen bzw. Außenschulen wurden vorübergehend geschlossen und vereinzelte Schwestern haben sich versetzen lassen, weil sie den psychischen Druck nicht mehr aushielten.

Wie ich später von Elsbeths Mitschwestern erfuhr, hatten sie alle große Angst, meine Schwester im Besonderen. Aber sie wollte bleiben und ausharren – immer in der Hoffnung, dass am Ende vielleicht doch alles gut gehe.

In ihrem Schreiben vom 11. November 1976 schildert sie die damalige Situation in Regina Mundi-Mission: »Bei unseren 265 Kindern kommt es selten vor, dass nachts mal eines der Mädchen krank wird. Aber ich muss oft abends spät noch für Ruhe sorgen, wenn sie zu munter sind, vor allem jetzt, wo es so heiß ist, und man abends kaum einschlafen kann. Wenn doch endlich der Regen käme! Mit etwas Wind ließe es sich eher aushalten. Aber wenn sich kein Lüftchen bewegt, ist es schon schlimm. Ihr zu Hause hättet sicher jetzt gerne etwas von unserer Hitze – und wir etwas von Eurer Kälte.

Unser Schwimmbad ist schon ein Segen. Aber unser Bruder klagt immer, dass wir nicht genug Dieselöl[22]

22 Damals waren Sanktionen über Rhodesien verhängt worden – weltweit; daher die Ölknappheit!

für die Pumpe und die Filtriermaschine hätten. Daher rationieren wir, wo immer es geht. Mal läuft nur eine Pumpe, für die gesamte Station – für Menschen, Vieh und Gärten. Ein andermal haben wir nur stundenweise Wasser – oder elektrischen Strom. Leider haben die Kinder kein Gespür dafür; sie plantschen drauf los, und man kann ihnen nicht beibringen, die Stöpsel in den Waschbecken zu benützen. Sie vergeuden das kostbare Nass eimerweise. Schlimmer noch, sie vergessen häufig, die Wasserhähne zuzudrehen. Daher sind wir gezwungen, zu verschiedenen Zeiten auch tagsüber das Wasser abzustellen – und nur noch einen Kran für Trinkwasser offen zu lassen. Sparen sitzt diesen Kindern nicht im Blut; da nützt auch alles Mahnen nichts; sie haben es zu Hause nie gelernt...«

Der letzte Brief von Elsbeth ist auf den 21. November 1976 datiert. Darin berichtet sie über die Firmung von 97 Kindern ihrer Schule. Der Bischof sei eigens aus Bulawayo gekommen und es sei alles sehr feierlich gewesen. – Auch seien die Examina gerade voll im Gange und liefen über zwei Wochen:
»Gestern Abend hatten wir eine Abschiedsparty für jene, die ihren Abschluss gemacht haben und uns verlassen werden. Es war schön; die Mädchen sind inzwischen große Damen geworden und man sieht, dass unsere Mühen doch nicht ganz umsonst waren. Sie sind reifer geworden, haben Freude an schönen Kleidern und Schuhen – und so haben auch die meisten von ihnen sich zur Party neu eingekleidet. Es war eine echte Show. – Heute Nachmittag ist eine »Swim-

ming Gala« angesagt. Wir haben exzellente Schwimmerinnen dabei, richtige Stars. Sie haben alle Lehrer dazu eingeladen; einige vom Lehrerkollegium werden als Schiedsrichter fungieren. Der Pool hat uns schon viel Freude bereitet – bei unseren 45 Grad Celsius im Schatten. Seit etwa zwei Wochen steigt das Thermometer täglich so hoch an, auch auf der Veranda oder unter den schattigen Bäumen...«
Sr. Francis schließt ihren Brief mit frohen Weihnachtswünschen für ihre Lieben zu Hause. Es sei ihr letzter Termin, die Post abzuschicken, damit dieser Brief noch vor dem Fest in Europa eintreffe.
Er kam doch etwas zu spät und erreichte uns erst am 29. Dezember, also zu einer Zeit, als sie selbst schon nicht mehr lebte. Auch verschiedene Weihnachtspäckchen für unsere Kinder trafen mit Verspätung noch ein. Dafür konnten wir ihr nicht mehr danken...
Meinen sorgenvollen Antwortbrief auf ihr Schreiben vom 24. Oktober hatte sie leider nicht mehr erhalten. Dieser wurde mir nach ihrer Ermordung ungeöffnet nach Deutschland zurückgeschickt.

Aus dem Nachlass und anderen Unterlagen von Sr. Francis, die Sr. Editha Schuldheis CPS an mich übergeben hat, befanden sich auch das folgende Gebet von Otto Miller sowie mehrere längere Sinnsprüche und meditative Kurztexte:

Denn wir, o Gott, wir sind die Flut;
Du bist die Fläche.
Du bist das Licht; wir sind der Schein.

Du bist das Meer, wir sind die Bäche.
Wir sind das Werden – Du das Sein.
Wir sind die Not; Du bist der Halt.
Wir sind die Hast; Du seliger Sabbat, ewige Rast.
Du unsere Sehnsucht, wir sind die Rufer;
das Senkblei wir, die Tiefe Du;
wir sind die Brandung, Du das Ufer;
die Wanderung wir – und Du die Ruh.
Du bist Gipfel, wir die Schwelle;
Du bist das Leben, wir der Tod.
Wir sind die Dämmerung; Du die Helle;
Du Abend – und Du Morgenrot.

Von Katharina von Siena hatte sie sich notiert:

»Ewige Gottheit, Du bist das Feuer, das alle Selbstsucht versengt; die Schönheit, die alle Schönheit hinter sich lässt; die Weisheit, die über alle Weisheit erhaben ist.«

Von Otto Hilker: *»Wach auf und neige deine Liebe dem zu, der seit den anfanglosen Tagen der Ewigkeit nicht aufgehört hat, an dich zu denken und dir eine Wohnung bei sich zu bereiten. Entschlage dich deiner Sorgen, rufe zu ihm, freue dich seiner Freundschaft, erfülle seinen Willen im Großen wie im Kleinen, bereue den langen Schlaf deiner Lauheit.«*

Und vom Bischof von Genf, dem heiligen Franz von Sales, das Folgende:

»Gottes Weisheit hat von Ewigkeit her das Kreuz ersehen, das er dir als sein kostbares Geschenk aus seinem

Herzen gibt. Er hat dieses Kreuz, bevor er es dir schickte, mit seinem allwissenden Auge betrachtet, es durchdacht mit seinem göttlichen Verstand, es geprüft mit seiner weisen Gerechtigkeit, mit liebendem Erbarmen durchwärmt, und es gewogen mit seinen beiden Händen, ob es nicht einen Millimeter zu groß und ein Milligramm zu schwer sei für dich. Und er hat es gesegnet mit seinem allheiligen Namen, mit seiner Gnade es gesalbt, mit seinem Troste es durchduftet und dann noch einmal auf dich und deinen Mut geschaut. So kommt es schließlich zu dir als ein besonderer Gruß Gottes, als ein Almosen allerbarmender Liebe deines Gottes.

10.

Brutaler Überfall im Busch

zwischen Regina Mundi und St. Luke's-Mission

»In jedem Menschen ist ein Abgrund; den kann man nur mit Gott ausfüllen«.
(BLAISE PASCAL)

»Im Innersten des Menschen steht jene Klarheit und Stille,
aus der das Opfer zu Gott emporsteigt«.
(ROMANO GUARDINI)

Es war zu jener Zeit, als die Generaloberin der Missionsschwestern vom Kostbaren Blut noch in Rhodesien weilte und die Genfer Konferenz noch tagte, von der die Welt so viel erhofft und erwartet hatte, da wurde Sr. Maria-Francis (Elsbeth) van den Berg CPS mitten aus ihrem aufopferungsvollen missionarischen Schaffen jäh herausgerissen. Zusammen mit dem Mariannhiller Missionsbischof Adolph Gregor Schmitt und seinem Mitbruder Pater Possenti (Anton) Weggartner wurde sie am 5. Dezember 1976 von einem schwarzen Terroristen auf brutale Weise ermordet.

Bischof Schmitt war gerade erst von seinem Heimaturlaub aus Europa nach Rhodesien zurückgekehrt. Am 2. Adventssonntag zelebrierte er in der Rundkirche von Regina Mundi in aller Frühe die heilige Messe und predigte zum Thema »Bereitet den Weg des Herrn«. Sr. Maria-Francis hatte von ihm, wie die anderen Ordensfrauen auch, die heilige Kommunion empfangen. Pater Possenti hielt das Hochamt und anschließend eine Segensandacht. Mittags gab es für die schwarzen und weißen Schwestern und Missionare ein gemeinsames Mahl; die afrikanische Köchin trug Rinderbraten, Nudeln und Krautsalat auf. Vom Plattenspieler erklangen deutsche Adventslieder; es herrschte heimatliche Vorweihnachtsstimmung mitten im afrikanischen Busch, etwa vierzig Kilometer von der nächsten Teerstraße entfernt.

Als Bischof Schmitt beim Essen erfuhr, dass Bruder Konrad Russer CMM erkrankt sei und im Krankenhaus der Nachbarstation St. Luke's-Mission liege, hegte er den Wunsch, den kranken Mitbruder zu besuchen; er erkundigte sich und fragte, wer eventuell mitkommen wolle? Pater Possenti erklärte sich dazu bereit; sonst niemand. Nach erneutem Fragen sagten auch die Schwestern Francis und Ermenfried[23] zu. Letztere hat später berichtet, dass damals eine eigenartige Stille im Speiseraum geherrscht habe und dass sich einige Anwesende wegen der politischen Unruhen im Land nicht getraut hätten, mitzufahren.

Sr. Francis, von Haus aus eine Frohnatur wie ihr Vater und auch unternehmungslustig, packte für den kran-

23 Sr. Ermenfried Knauer CPS (Jg 1929, aus Unterfranken), damals ebenfalls in Regina Mundi tätig, hat den Überfall überlebt, wenngleich angeschossen und schwer verwundet.

ken Bruder schnell noch ein Nikolauspäckchen zusammen. Gegen 14.00 Uhr brachen sie dann auf – die zwei Mariannhiller und die beiden Schwestern. Sie benützten den Peugeot 404 der Station; am Steuer saß Bischof Schmitt; neben ihm Pater Possenti, dahinter die Nonnen. Alle vier kannten den Weg; sie waren ihn schon oft gefahren. Nach etwa 15 Kilometern trat der Bischof plötzlich auf die Bremse. Vor ihnen lag eine primitive Straßensperre aus Steinen, Reisig und Baumstämmen. Schmitt stieg aus, gefolgt von Pater Possenti und den Schwestern. Gemeinsam versuchten sie, das Hindernis zu beseitigen. Da tauchte, auf der rechten Straßenseite (es ist bei Linksverkehr die Seite des Fahrers!), ein schwarzer Guerillakämpfer auf, einer von mehreren tausend, die seit Jahren mit Mord und Terror gegen die weiße Regierung von Ian Smith und für ein unabhängiges, von Afrikanern regiertes Rhodesien (Simbabwe) gekämpft haben. Er trug eine Tarnuniform und eine rote Strickmütze; in den Händen hielt er ein Maschinengewehr, wohl russischer Bauart. Dieses im Anschlag, rief er: »Hände hoch! Geld her – oder ich schieße!«

Pater Possenti, der fließend Sindebele sprach, erklärte dem jungen Mann, sie seien Ordensleute; Missionare, die über keine großen Geldsummen verfügten. Er möge mit ihnen auf die Station kommen, da würde man ihm Geld geben können. Daraufhin brüllte der Freischärler auf Englisch: »All missionaries are enemies of the people!« (Alle Missionare sind Feinde des Volkes!) Dann wandte er sich an den Bischof und rief erneut: »All missionaries are enemies of the people!«

– schrie es gellend und fügte hinzu: »Ich erschieße euch! Ich schieße euch nieder!« und durchsiebte den Bischof mit einem Kugelhagel. Der stürzte zu Boden. Sr. Francis, die neben dem Bischof stand, beugte sich über ihn, so als wolle sie weitere Schüsse von ihm fernhalten. Da wurde auch sie getroffen und stürzte ebenfalls zu Boden, den Bischof halb bedeckend. Dann wurde Pater Possenti auf gleiche Weise ermordet. Sr. Ermenfried, die auf der anderen Wagenseite gestanden hatte, warf sich blitzschnell zu Boden, robbte näher zum Wagen hin und presste ihren Kopf gegen das linke Hinterrad. Der Mörder machte sich nicht die Mühe, um das Auto herumzugehen, sondern sandte von seiner Seite aus, unter das Fahrzeug hindurch, noch einige Kugeln in Richtung der noch Lebenden. Zum Glück war jetzt sein Magazin leer; daher verschwand er schnell in den Busch. Er suchte weder nach Geld noch nach Wertsachen, sondern schien es sehr eilig zu haben. Sein Englisch war stockend und fehlerhaft. Ob am Ende seine Forderung nach Geld nur Vorwand war? Vorwand, um auf die Missionare aus nächster Nähe schießen zu können? Laut späterer Aussagen von Sr. Ermenfried klang sein Geschrei, dass alle Missionare Feinde des Volkes seien, nach auswendig gelernter kommunistischer Kampfparole.

Sr. Ermenfried blieb noch einige Zeit mit zerschmettertem linken Schienbein unter dem Wagen liegen und betete inbrünstig zu ihrem Schutzengel; sie tat so, als wäre auch sie tödlich getroffen. Das Blut sickerte langsam aus ihrer Schusswunde und tropfte zu Boden. Es war heiß und schwül – und der sandige Untergrund saugte alle Sonnenstrahlen auf und wurde so schier siedend heiß. Zum Glück kam nach etwa einer halben Stunde ein Auto vorbei, am Steuer ein Farbiger (Mischling). Er und seine Familienangehörigen kümmerten sich sofort um die Verwundete und brachten sie umgehend nach St. Luke's ins Krankenhaus.

Wir wissen heute um viele Details während des Überfalls nur deswegen, weil Sr. Ermenfried überlebt und uns darüber im Einzelnen später berichtet hat. Sie selber wurde im Hospital ärztlich versorgt – und zwar von Dr. Fleischer[24], der gerade in St. Luke's weilte. Dr.

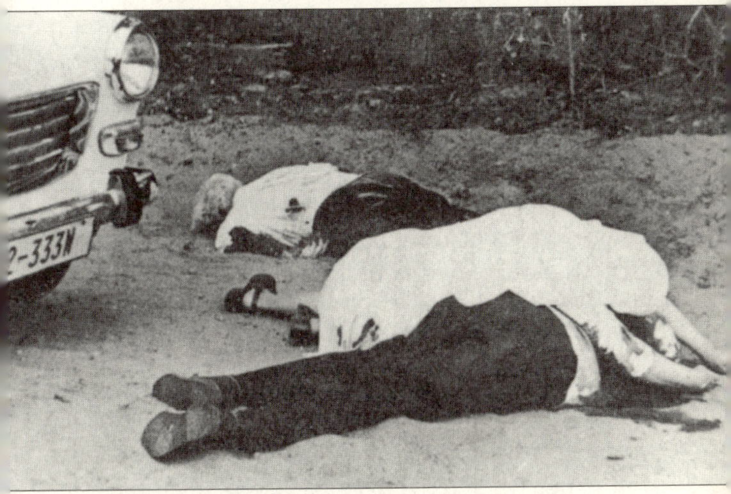

Tatort 15 km von Regina Mundi-Mission entfernt

[24] Dr. Klaus Fleischer war später Chef des Missionsärztlichen Krankenhauses in Würzburg und Professor für Tropenmedizin an der dortigen Universität

Johanna Davis-Ziegler, die Chefin des Krankenhauses, fuhr sofort mit dem Missionshelfer John Jakob und Mr. Walley, der ein Maschinengewehr bei sich hatte, zum Tatort[25]. Aber sie konnten bei allen Dreien – bei Bischof Schmitt, Pater Possenti und Sr. Francis – nur noch den Tod bestätigen; sie waren offensichtlich, von tödlichen Kugeln getroffen, sofort tot. Ärztliche Hilfe war nicht mehr möglich.

Requiem in der Kathedrale von Bulawayo
Beerdigung auf dem städtischen Friedhof
Versuch einer Antwort auf die Frage:
Warum wurden ausgerechnet friedliche Missionare ermordet?

Die Beerdigung fand am 13. Dezember in Bulawayo statt, für alle drei Missionare, und zwar unter großer Beteiligung der schwarzen wie der weißen Bevölkerung – sowie der Weltpresse. Es waren die ersten weißen Missionare der katholischen Kirche, die in Rhodesien ermordet wurden – und das Erschrecken der Menschen aller Hautfarben und Gruppierungen saß tief.

Für die Weißen – für viele von ihnen – war es eine Ironie der Geschichte, dass gerade Bischof Schmitt mit seinen Begleitern Opfer eines schwarzen Terroris-

25 Weitere Details über den Hergang des Überfalls befinden sich in dem Sammelband von Adalbert Ludwig Balling: »Keine Götter, die Brot essen, sondern Brückenbauer zwischen Schwarz und Weiß«, Verlag Mariannhill Würzburg, 2001

Links Sarg von Pater Possenti Anton Weggartner CMM;
Mitte Sarg von Bischof Adolph Gregor Schmitt CMM;
rechts Sarg von Sr. Maria-Francis CPS

ten geworden war, hatte doch gerade er sich besonders stark für die Rechte und Würde aller Menschen, eben auch der Afrikaner, eingesetzt und die weiße Regierung immer wieder kritisiert wegen ihrer rassistischen Haltung!

Bei der Trauerfeier in der Bischofskirche von Bulawayo sagte Exzellenz Aloysius Haene von Gwelo (Gweru) über die Ermordeten: »Ihr Tod war ein Opfer ihrer Identifikation mit den einfachen Leuten, ein Opfer der Erlösung und ein Opfer der Versöhnung.« Die drei Missionare wurden auf dem städtischen Friedhof in Bulawayo North beerdigt; dort ruhen sie Grab an Grab und harren der Auferstehung und des Wiedersehens mit ihren Freunden und Verwandten.

Meine Schwester Elsbeth trat also am zweiten Advent 1976 vor ihren Herrn; Advent heißt »Ankunft des Herrn«. Ihm, ihrem Herrn und Meister, hatte sie ihr Leben geweiht; ihm wollte sie dienen in der Afrikamission; in seinem Namen wollte sie da sein für die Armen; ihn hat sie verherrlicht auch in ihrem Tod. Ihre letzte Handlung war, bewusst oder unbewusst, ein Akt der Nächstenliebe. Sie wollte dem niedergestreckten Bischof zu Hilfe kommen; wollte ihm beistehen – und wurde dabei selbst tödlich getroffen... .

Wie erwähnt, der Überfall zwischen Regina Mundi und St. Luke's-Mission war der erste gezielte Anschlag auf katholische Missionare in Rhodesien. In den Jahren danach kam es zu weiteren tödlichen Zwischenfällen.

Grab von Sr. Maria-Francis van den Berg CPS auf dem Friedhof Bulawayo North, Simbabwe

Albert Sumbe Ncube, der 26-jährige Mörder der drei deutschen Missionare, wurde wenige Wochen später gefasst und eingesperrt. Er gestand alle drei Morde – und auch die Ermordung von vier weiteren weißen Bürgern des Landes. Aber zu einer Verurteilung kam es nicht; Ncube ist aus dem Gefängnis entkommen; wie und mit wessen Hilfe, ist nie ganz geklärt worden. Aber Teile seines Lebensweges wurden doch bekannt: Er war über Johannesburg (Südafrika) nach Betschuanaland (heute: Botswana) gekommen, wo er mit den Parteigängern der ZAPU Verbindung aufnahm. Von hier führte sein Weg nach Sambia, von dort nach Tansania, wo er eine Ausbildung als Guerilla erhalten hat. Zusammen mit 29 weiteren »Freiheitskämpfern« wurde er schließlich bei Kariba (Städtchen in der Nähe der gleichnamigen Staumauer am Sambesi und Beginn eines künstlichen Sees von gigantischem Ausmaß) nach Rhodesien eingeschleust, natürlich bewaffnet und für jede Art von Terror und Bürgerkrieg gerüstet.

Warum richteten die Guerilla ihre Waffen ausgerechnet auf friedliche Missionare? Warum gerade auf jene, die ihrem Volk nur Gutes taten?
Wenn es je sinnvolle Entwicklungshilfe gegeben hat, dann wurde und wird sie auf Missionsstationen wie Regina Mundi geleistet. Zu der Zeit, als meine Schwester Elsbeth ermordet wurde, wurden dort 260 afrikanische Mädchen zwischen 14 und 18 Jahren in einer Internatsschule bis zum Abitur geführt. Von etwa 1000 Anmeldungen konnten pro Jahr allenfalls

70 berücksichtigt werden. Etwa die Hälfte der Schülerinnen war katholisch; die anderen gehörten rund 25 weiteren Konfessionen an. Viele der Mädchen, die diese Schule besucht haben, wurden später Lehrerinnen, Krankenschwestern und Ärztinnen; einige gingen zum Weiterstudium ins Ausland – vorwiegend nach England, Irland, Kanada und in die USA.
Als die Nachricht von dem mörderischen Überfall von Regina Mundi bekannt wurde, weinten die Mädchen bis tief in die Nacht hinein – wie nur Afrikanerinnen weinen können: eine einzige lange und herzzerreißende Totenklage. »Diese Tiere haben unseren Vater und unsere Mutter ermordet!« riefen sie eins ums andere Mal. »Wenn das Freiheit und Unabhängigkeit ist, dann wollen wir keine.«
Am folgenden Tag kamen die Leute aus der Umgebung, meist einfache Bauern, auf die Missionsstation und sprachen scheu und betroffen ihr Beileid aus. (Nebenbei: Regina Mundi heißt »Königin der Welt«; die Station ist der Gottesmutter geweiht. Sie liegt zirka 180 Kilometer von Bulawayo entfernt, deren Sindebelename übrigens »Ort des Tötens« bedeutet.)
Während in Rhodesien die Missionare starben, verhandelten die afrikanischen Bosse der großen politischen Gruppierung in feinen Konferenzsälen in Genf mit dem Chef der weißen Regierung (Ian Smith) über die Machtübernahme zu Gunsten der schwarzen Bevölkerung.
Einige der führenden afrikanischen Nationalisten, zum Beispiel Joshua Nkomo und Methodistenbischof Muzorewa, haben sich später, nach der Übergabe der

Regierung an ihre Vertreter, bei Bischof Dr. Heinrich Karlen CMM, dem Nachfolger Schmitts in Bulawayo, ausdrücklich für das Massaker an den Missionaren entschuldigt.
Nkomos Frau war schon seit Jahren aktives Mitglied des katholischen Müttervereins der Diözese. Mehrere ihrer Kinder waren einst bei Pater Possenti in die Schule gegangen.
Aber in Genf haben die schwarzen Politiker die Weltöffentlichkeit belogen: Der Mord an den Missionaren sei von Seiten der weißen Sicherheitskräfte inszeniert und verübt worden. Ein weißer Farmer bot (der überlebenden) Sr. Ermenfried das Reisegeld an, um nach Genf zu fliegen und dort diese Lügen zu widerlegen. Die Schwester lag noch im Krankenhaus, und als sie nach ihrer Entlassung dazu bereit gewesen wäre, verweigerte ihre Generaloberin die Erlaubnis dazu: »Wir wollen uns nicht in die Politik einmischen!« – Der weiße Farmer kommentierte darauf: »Dann wird das Böse siegen, weil gute Menschen schweigen.«
In den kommenden Jahren wurden weitere Missionare ermordet – Patres, Brüder, Schwestern, Ärzte und Laienhelfer – ferner wurde eine Reihe von Schulen und Hospitälern geplündert, mutwillig zerstört und niedergebrannt. Was über Jahrzehnte mühsam aufgebaut worden war, ging in Flammen auf oder, wenn beweglich, verschwand auf Nimmer-Wiedersehen im Busch. Der Geist der »Hilfe zur Selbsthilfe«, den die Missionare vorgelebt hatten, schien mit Füßen getreten zu werden. Die Mariannhiller verloren während des Bürgerkriegs insgesamt neun Or-

densmitglieder und eine Missionsärztin[26]. Regina Mundi wurde – nach dem Mord an den drei Missionaren – noch zweimal überfallen; wieder gab es Tote.

Für uns in Deutschland (wie in den anderen europäischen Ländern) war die Nachricht von der Ermordung der drei Missionare ein großer Schock. Aber unsere Mutter hat diesen Schicksalsschlag sehr tapfer getragen. Gottes Wege sind für uns oft unergründlich. Davon war sie überzeugt. Sie spürte aber auch, dass sie inzwischen zur großen, weltweiten Familie der Missionare von Mariannhill gehörte; das bezeugten auch die zahlreichen Briefe, die sie von überallher erhalten hat. Ihre letzten Jahre verbrachte sie bei meiner Familie in Refrath; sie starb 88-jährig am 12. Februar 1995. Auf ihrem Nachttischchen stand stets ein Bild von ihrer in Rhodesien ermordeten Tochter; oft neben einer brennenden Kerze, auch bei ihrer Sterbestunde im Krankenhaus. Sr. Maria-Francis – ihre Elsbeth – wird ihr sicher auch in den letzten Stunden beigestanden, sie begleitet und ihr die Hände entgegengestreckt haben. Wir glauben fest an ein Wiedersehen. Auch unser Vater, der seine »Nonne« (nach ihrem Weggang in die Afrikamission) nicht mehr sehen durfte, wird ihr entgegengeeilt und längst mit ihr wieder vereint sein.

26 Vgl. den bereits weiter oben erwähnten Sammelband »Keine Götter, die Brot essen, sondern Brückenbauer zwischen Schwarz und Weiß«, Würzburg 2001, 25-35; 109-135

Liebevolle Pinselstriche am Porträt der Ermordeten
Aus Beileidsschreiben[27] von Mitschwestern

Im Nachruf schrieb Provinzoberin Sr. Wilfriedis CPS aus Bulawayo: »Sr. Maria-Francis verstärkte ihr Können durch Opferbereitschaft und Liebe. Sie stellte sich voll und ganz der Kongregation zur Verfügung. Sie war – im Hinblick auf unsere Zukunftspläne – unentbehrlich. Aber Gott hatte andere Pläne...«

Am 20. Dezember 1976 ergänzte Sr. Wilfriedis ihr offizielles Schreiben mit einem Brief an unsere Mutter: »Liebe Frau van den Berg! Mein Brief soll Ihnen sagen, dass wir mit Ihnen das große Leid tragen. Ihre Tochter, unsere liebe Schwester Maria-Francis, ist gut aufgehoben. Sie hat keine Todesangst erleiden müssen. Es ging ja alles sehr schnell. Nun erfreut sie sich ihres ewigen Lohnes. Sie wird Ihnen jetzt näher sein, als es auf Erden möglich war. Wir trauern mit Ihnen und Ihrer Familie. Nicht nur wir Schwestern, die ganze Kirche und ein großer Teil des Volkes. Ich glaube nicht, dass es Menschen gibt, die sich über die Untat freuen. Der unglückliche Mörder konnte (übrigens)unseren drei Missionaren nicht in die Augen schauen; er zeigte schon während seiner Untat große Unruhe.

27 Diese Briefe sind zwar fast alle in Deutsch verfasst, aber man merkt ihnen an, dass jene, die sie schrieben, sich in der englischen Sprache wohler fühlen. Aus diesem Grund wurden einige ihrer Formulierungen leicht korrigiert bzw. in ein »Normaldeutsch« übersetzt. (Das gilt übrigens auch für einige Brief-Dokumente im nächsten Kapitel!)

Wir wissen, dass das Leben nicht endet und wir hoffen, dass unsere drei Missionare jetzt um Erbarmen bitten für das gequälte Land. Trösten Sie sich! Sie haben als Mutter ein (großes) Opfer gebracht. Der Heiland hat dieses Opfer angenommen. Leid ist nicht sinnlos. Musste nicht auch die Mutter Jesu solches Leid erfahren und ertragen? Wir alle wollen Ihnen im Gebet beistehen.

Die Beerdigung (der Ermordeten) war ein Triumph für unsere Missionare. Wir haben zusammen gebetet und getrauert – aus allen Zungen und Nationen. Gewiss hat Gott unsere Drei zu sich genommen, um der Welt eine besondere Gnade zu erweisen.

Sr. Maria-Francis hat ihre erste Afrikareise mit mir gemacht. Ich war damals auf Heimaturlaub. Wir arbeiteten mehrere Jahre in Monte Cassino zusammen, und nun, da ich sechs Jahre als Provinzoberin in ihrer Nähe weilte, standen wir in enger Verbindung. Gott hat sie (Sr. Maria-Francis) zu sich genommen – und so ihr die Angst erspart, die uns hier zuweilen alle quält...

Eine größere Liebe hat niemand, als wer sein Leben hingibt für seine Freunde (Brüder und Schwestern). Das hat Sr. Maria-Francis als Missionarin getan; noch im Angesicht des Todes wollte sie dem Bischof beistehen.

Ich habe die Tote, die liebe Verstorbene, gesehen: Das Gesicht war kaum entstellt. Ein Schuss, der Hals und Kiefer streifte, verursachte einen schnellen Tod. Sie wurde im selben Kleid, das Sie ihr daheim (während ihres zweiten Heimaturlaubs) besorgt hatten, beerdigt. Die Liebe und die Sorge ihrer Mutter war ihr immer sehr teuer. Beten wir für unsere Verstorbenen – und füreinander.«

Generaloberin Mutter M. Adelberta Reinhart CPS (Rom), die gerade in Rhodesien weilte, als der Überfall stattfand, schrieb am 14. Dezember 1976 an die Mutter und die anderen Hinterbliebenen der Familien van den Berg und Abbing:
»Für mich ist es ein großer Trost, dass ich zufällig oder, besser gesagt, durch Gottes Fügung hier im Land (in Rhodesien) gewesen bin. So ist es auch für mich etwas leichter zu begreifen und zu tragen. Sie werden verstehen, dass Sr. Maria-Francis auch für unsere Kongregation ein großer Verlust ist. Sie war eine gute Ordensperson und eine glückliche, frohe, angenehme Mitschwester. Sie war sehr gereift in den letzten Jahren. Zurückschauend kann man sagen, der liebe Gott hat sie auf das Opfer ihres Lebens für die Mission und für das Land hier vorbereitet. Sie war reif – und durfte deshalb heimgehen (zu Gott). Ich habe ihre Leiche gesehen – und meine, sie hat nicht lange leiden müssen; es war ein schneller Tod. Sie werden gehört haben, dass ihre letzte Handlung ein Akt der Nächstenliebe war; sie wollte Bischof Schmitt beistehen, nachdem er schon angeschossen und zu Boden gefallen war. Sie war selbstlos bis zum letzten Atemzug.(...) Gestern war die Beerdigung. Diese war (in gewissem Sinne) einmalig: Noch nie hat eine unserer Schwestern eine solche Beerdigung gehabt. Die Teilnahme der Bevölkerung war außerordentlich groß.

Neun Bischöfe nahmen daran teil, sehr viele Priester und Schwestern – und eine unübersehbare Menschenmenge...«

Am 5. Dezember 1976, also noch am Tag des schrecklichen Überfalls, schrieb Sr. Benedictis an die Mutter der Ermordeten und ihre Familienangehörigen:
»Mein allerherzlichstes Beileid zu dem schweren Verlust, der Euch und uns alle getroffen hat – Elsbeths plötzlicher Tod durch einen Terroristen. Vor ungefähr einer Stunde hat man es uns telefonisch mitgeteilt, dass Bischof Schmitt, Pater Possenti und unsere Schwestern Francis und Ermenfried von Terroristen überfallen wurden. Die ersten drei Genannten waren sofort tot; Sr. Ermenfried wurde bewusstlos gefunden – mit einem Beinschuss. Man brachte sie in ein Hospital. Näheres werden wir morgen erfahren.
Liebe Mutter van den Berg, ich fühle mit Ihnen, mit Euch allen. Ihr wisst ja, dass wir, Sr. Francis und ich, uns sehr nahe standen – und, ganz eigenartig, mich erfüllt sogar jetzt in meinem Schmerz ein innerer Friede, der einer Freude gleichkommt. Elsbeth ist beim lieben Gott und bei ihrem Papa. Sie hat es überstanden. Wir wissen nicht, was uns noch alles bevorsteht. Die drei (Ermordeten) waren die Erstlingsopfer unter den Ordensleuten. Bisher hatte man noch nicht gehört, dass Terroristen Priester oder Schwestern getötet hätten – und dazu noch am helllichten Tag zwischen 14.00 und 16.00 Uhr.
Ich fahre morgen nach Bulawayo; dorthin wird man auch die Toten bringen. Ich nehme an, dass man sie

(Elsbeth) bei uns begraben wird. Ich werde dann ihr Grab betreuen und in Ehren halten. Mein Büro ist direkt neben dem Friedhof; ich kann vom Fenster aus dorthin schauen.
Im Gebet bin ich mit Euch allen vereint. Trauert nicht um Elsbeth. Sie war eine gute Ordensschwester – und ist jetzt droben bei ihrem (göttlichen) Bräutigam. Er, der Herr, weiß, was am besten ist. Beten wir ihn an, ihn und seinen heiligen Willen. In Liebe und Verstehen Ihre...«

Sr. Editha Schuldheis CPS, Oberin in Regina Mundi, meldete sich mit folgendem Briefbericht an die Mutter und die Angehörigen:
» Hiermit möchte ich Ihnen meine innigste Anteilnahme aussprechen zum tragischen Tod Ihrer Tochter Elsbeth, unserer geliebten Sr. Maria-Francis. Wir sind schockiert. Ich kenne Elsbeth seit Neuenbeken; also seit über 24 Jahren. Wir waren lange auf Missionsstationen zusammen. Als sie gestern um 14.15 Uhr hier wegfuhren, habe ich noch mit ihr gesprochen. Die anderen Schwestern hatten sich schon zurückgezogen. Somit habe ich sie als Letzte gesehen. 20 bis 30 Minuten später, 15 Kilometer von hier entfernt, war der Überfall. Vorgestern, am Samstag, war ich noch mit ihr in Bulawayo; wir haben den Schülertransport begleitet und dann in der Stadt unsere Einkäufe getätigt. Wir hatten lange und gute Gespräche bei der Rückfahrt im Zug. Ich kann es einfach nicht glauben. Sie war meine rechte Hand, meine stärkste Stütze. Wir verstanden uns ausgezeichnet.

Durch unsere Gespräche, aber auch über Tonbänder und Fotos, sind Sie, Frau van den Berg, sowie Ihre Angehörigen mir gut bekannt...
Nun liegt die ganze Last auf mir. Im Moment weiß ich noch nicht, wie es hier weiter geht. Ich warte auf Anordnung von Seiten des Bischofs und seiner Räte. Ich komme gerade von der Totenmesse. Die Afrikaner sprechen ihre Teilnahme aus. Wenn Sie mehr wissen wollen, wenn Sie gerne ein paar Andenken von Elsbeth haben möchten, bitte, schreiben Sie mir; ich tue, was ich kann.
Es ist schwer in dieser Lage Trost zu geben. Sie können stolz sein auf Ihre Tochter! Sie war eine liebe, eine wunderbare und tüchtige Ordensfrau. Eine so treue, zuverlässige und liebenswürdige Mitarbeiterin werde ich wohl nicht mehr finden. Sie starb aus Nächstenliebe: Sie wollte, zusammen mit Bischof Schmitt, Pater Possenti und Sr. Ermenfried unseren kranken Bruder (Konrad Russer) im Hospital von St. Luke's besuchen und hatte sogar ein liebevoll hergerichtetes Nikolauspäckchen mitgenommen. Ihr Auto wurde angehalten; alle mussten aussteigen. Der Bischof wurde zuerst erschossen, und als sich Sr. Francis über ihn bückte, um ihn zu schützen, traf sie das gleiche Los...
Gott segne und tröste Sie. Durch Elsbeth bleibe ich Ihnen eng verbunden...«
Unterschrieben haben – und dadurch ihre Anteilnahme und Verbundenheit zum Ausdruck gebracht – neben Sr. Editha auch die Schwestern: Xaveris, Mary Emmanuel, Christopher, Helen, Ortrud, Lorenza, Bolleta Mary und Kizito.

Der in der Regierung von Ian Smith zuständige Minister für Bildung und Erziehung der afrikanischen Bevölkerung, offiziell »Secretary of African Education« genannt, übersandte am 10. Dezember 1976 folgendes Schreiben – in englischer Sprache:

»Dear Mrs. van den Berg,

We of the Head Office of the Division of African Education in Rhodesia were deeply shocked to learn of the untimely death at the hand of terrorists of your relative, Sister Maria-Francis, on 5th December 1976. During the past seventeen years she has given service to African primary and secondary schools and her teaching has conferred lasting benefit on many African children.

On behalf of the Ministry I offer my deepest sympathy to you and the members of your family in your sad bereavement. Yours sincerely, A. J. Smith, Secretary of African Education.«

(Liebe Frau van den Berg, wir vom Kultusministerium, Abteilung Erziehung und Bildung der Afrikaner, waren zutiefst geschockt, als wir vom plötzlichen Tod Ihrer Verwandten, Sr. Maria-Francis, am 5. Dezember 1976 durch die Hand eines Terroristen erfahren haben.

Während der vergangenen 17 Jahre hat sie an afrikanischen Volks- und Mittelschulen unterrichtet und vielen schwarzen Kindern bleibende Vorteile (Kenntnisse) vermittelt. Im Namen des Ministeriums biete ich Ihnen und den Mitgliedern Ihrer Familie meine tiefste Anteilnahme angesichts dieses für Sie so traurigen Verlustes. Hochachtungsvoll, J. A. Smith, Minister für afrikanische Erziehung & Bildung.)

11.

Zusätzlicher Schriftwechsel mit Elsbeths ehemaligen Mitschwestern

Am 8. Februar 1977 schrieb Sr. Editha erneut, diesmal einen sehr ausführlichen Brief, adressiert an mich (Franziska Abbing):
»Ganz herzlichen Dank für Ihren Brief vom 27. Januar 1977. – Das Tonband, das Sr. Francis besprechen (und Ihnen schicken) wollte, war erst teilweise benützt, als sie starb. Sr. Ortrud und ich spielten es ab; leider enthielt es nur afrikanische Kirchenmusik auf der ersten Halbseite. Ich nehme an, dass Sr. Francis die Kassette am Sonntagabend oder am Montag fertig besprechen wollte und eben nicht mehr dazu kam. Wir haben Ihnen dieses Tonband im Dezember per Luftpost zugeschickt.
Ich hatte den ganzen Samstag (vor ihrer Ermordung, also am 4. Dezember 1976) mit Sr. Francis auf dem Ferien-Transport nach Bulawayo verbracht. Nachts um 2.00 Uhr verließen wir Regina Mundi; der Zug kam um 2.30 Uhr. Unsere rund 250 Schülerinnen fuhren vierte Klasse; eine afrikanische Mitschwester, Sr. Kizito, half ihnen beim Einsteigen mit dem Gepäck, während wir beiden sofort ein verschließbares Coupe in der zweiten Klasse belegten. Ich war gewarnt worden vor (von?) einem afrikanischen Lehrer – und der Bahnbeamte hatte Verständnis. (Der Bürgerkrieg tobte ja schier überall!) Wir schliefen

und ruhten uns aus bis Sechs, tranken eine Tasse Kaffee, der uns serviert wurde, und verrichteten dann unsere Gebete. Da unser Zug 90 Minuten Verspätung hatte, war reichlich Zeit noch für eine Unterhaltung. Wir redeten viel, machten Pläne für die Schule und das Schülerheim im neuen Jahr und erstellten eine Einkaufsliste. Sr. Francis brauchte eine gründliche Zahnbehandlung; sie hatte mittwochs zuvor schon einen Termin vereinbart, für diesen Samstag. Die eigentliche Behandlung sollte dann vom 13. – 15. Dezember stattfinden, wenn wir erneut in die Stadt fahren wollten. Ich überließ ihr auch das Besorgen (Einkaufen) der Weihnachtswünsche unserer Mitschwestern, weil sie das so gut konnte, bemerkte aber, dass sie noch keinen eigenen *Wunschzettel* abgegeben habe. Sie antwortete, sie möchte gerne noch eine Kassette besprechen und diese dann per Luftpost (nach Deutschland) schicken. Das wäre ihr einziger Weihnachtswunsch. Ich wollte sie natürlich doch noch überraschen und verpackte am Sonntagmorgen eine Flasche Wein für sie.

Am Bahnhof (in Bulawayo) holte uns unsere frühere Psychologiedozentin ab. Wir hatten Frühstück in ihrer Wohnung. Inzwischen war es fast 10.00 Uhr, als wir endlich zum Einkaufen gingen. Zum Mittagessen trafen wir uns bei unseren Schwestern, die im Bischofshaus den Haushalt führen. Dr. Johanna Davis-Ziegler (von St. Luke's-Mission) kam auch; sie hatte vor einer Woche unsern Nachbarn, Mr. Hartley, nach dem Überfall auf sein Haus, behandelt und kannte alle Details des schrecklichen Geschehens.

Wir saßen bis 15.00 Uhr beisammen. Dann zog sich Sr. Francis zurück, während ich eine Bekannte besuchte. Um 17.30 Uhr aßen wir Abendbrot und fuhren dann zum Bahnhof. Wir waren beide sehr müde und sprachen nur wenig auf der Heimfahrt nach Regina Mundi. Nachdem anderntags der grausame Überfall passiert war, begriff ich diese gelöste, verhaltene Stille etwas besser. Sr. Francis lud mich noch ein, am Sonntagmorgen mit in die Bischofsmesse zu gehen, was ich auch gerne tat.
Um 23.00 Uhr erreichten wir Gwaai. Sr. Kizito war mit Pater Alois Kraus CMM zum Bahnhof gekommen. Wir waren froh und dankbar für diese Aufmerksamkeit.
Beim Mittagessen am Sonntag legte ich eine Schallplatte mit Salzburger Adventsliedern auf – und beim *Hirtenländler* wiegte Sr. Francis fast unmerklich ihre Hand und schlug leise den Rhythmus auf dem Tisch. Ich bewunderte sie, dass sie mit nach St. Luke's fahren wollte. Ich selber war viel zu müde. Um 14.00 Uhr begleitete ich sie halbwegs bis zum Auto; sie strahlte vor Freude über das Nikolauspäckchen, das sie für den kranken Bruder hergerichtet hatte. Dann hörten wir nichts mehr bis gegen 18.00 Uhr. Nie hätte ich daran gedacht, dass wir uns nicht mehr sehen sollten.
Ich weiß nicht, ob ich Ihnen eine Kopie meines eigenen Berichtes (über den Vorfall) geschickt habe – und ob Sie Wert darauf legen?
Für mich haben sich die Belastungen vermehrt – seit jenem unglücklichen Tag. Sr. Francis war meine

rechte Hand, und ich vermisse sie ständig. Wir sind zwölf Lehrer/innen an der Schule; den Verlust (den ihr Tod brachte) konnte ich bislang nur halbwegs mit fünf Abiturstudenten ersetzen. Im Moment sind die Leistungen schlecht.

Vor zehn Tagen wurden an einer Oberschule 400 Schüler entführt; vorgestern sind in der Nähe von Salisbury vier Schwestern, zwei Patres und ein Bruder erschossen worden. Man fragt sich jetzt nur noch: Wann kommen wir an die Reihe?

Gerade bin ich mit Dr. Davis-Ziegler am Telefon unterbrochen worden. Auch sie sagte: Wir gehen nur fort, wenn wir gezwungen werden. Nur Gott kann uns noch helfen.

Jetzt habe ich bei all der Arbeit und Sorge auch noch den großen Zehen gebrochen und hinke mühsam. Deswegen habe ich mir die Zeit erlaubt, Ihnen diesen langen Brief zu schreiben.

In der Schwesterngemeinschaft sind wir von elf auf acht zusammengeschmolzen. Beten Sie bitte hin und wieder auch für uns! – Wenn ich irgend etwas für Sie tun kann, lassen Sie es mich wissen; ich tue es gerne. Herzliche Grüße...«

Sr. Benedictis hatte schon zuvor, am 13. Dezember 1976 geschrieben. (Da einige der Briefe über den Seeweg, nicht mit Luftpost, verschickt wurden, brauchten sie auch unterschiedlich lang.)

Adressiert wurde dieses Schreiben an unsere Familie van den Berg in Köln: »Heute haben wir die drei Opfer beigesetzt. Über 2000 Menschen sind dabei gewesen. Ganze Autoschlangen von Bischöfen, Priestern und Schwestern waren gekommen, um Abschied zu nehmen. Ich habe Mitglieder von zehn verschiedenen Schwesterngemeinschaften gezählt. Das Auferstehungsamt war im Freien; die Sonne brannte glühend vom Himmel herunter. Die Afrikaner sangen während der Messe.

Danach wurden die Särge von Priestern und Schwestern zu den bereitstehenden Autos getragen; Busse und viele Privatautos schlossen sich an. Zu meinem großen Bedauern und auch zum Leidwesen vieler anderer Schwestern hat man sie auf dem Stadtfriedhof begraben; die Vorgesetzten hatten es so bestimmt. Auch durfte niemand außer der Würdigen Mutter und dem Bischof[28] die Toten noch einmal sehen. (Das war wohl staatlicherseits nicht erlaubt worden.)

Nun ruhen sie in Frieden. Den Mörder scheint man zu kennen, aber man hat ihn noch nicht festgenommen, um vorläufig noch größeres Übel zu vermeiden. Unser Bischof predigte, dass wir mit Sicherheit annehmen dürften, dass die drei Opfer ihrem Mörder verziehen hätten, und dass sie nun Samenkörner seien, die in die Erde fallen mussten, um Frucht zu

28 (Erz)Bischof Dr. Heinrich Karlen CMM, der Nachfolger von Bischof Schmitt im (Erz)Bistum Bulawayo; während seiner Amtszeit wurde Bulawayo von Rom in den Rang einer Erzdiözese erhoben. Inzwischen, seit Ende der 90-er Jahre, hat ein Afrikaner dieses Amt inne: Erzbischof Pius Ncube, der noch von Bischof Schmitt zum Priester geweiht worden war. Schmitt selber war 1974 aus Krankheitsgründen von seinem Amt zurückgetreten, wirkte aber weiter in der Seelsorge mit.

bringen (für spätere Generationen). Sie sind unsere ersten Märtyrer.
Lassen Sie mich bitte wissen, ob Sie meine Briefe erhalten haben. Heute Abend wurde die Totenfeier im hiesigen Fernsehen ausgestrahlt; auch ein Team vom Deutschen Fernsehen war hier. Ich nehme an, dass es auch bei Ihnen übers Fernsehen zu sehen sein wird. Elsbeth ist Ihnen ganz nahe – und betet für Sie. Mit lieben und teilnahmsvollen Grüßen, Ihre mit Ihnen im Gebet und Leid verbundene...«
Meine Bemerkung dazu: Wir haben die Reportage über die Beerdigung leider nicht gesehen, aber ein Vetter von uns hat darüber berichtet. Ich habe dann mit dem Norddeutschen Rundfunk korrespondiert – und so durften wir uns hier im Kölner Funkhaus des WDR den Film ansehen und uns auch eine Kopie (auf Schmalfilmrolle) machen lassen. – Bei den Spätnachrichten in der ARD wurden auch Aufnahmen von der Beerdigung in Bulawayo gezeigt.
Vor ein paar Jahren, 2002, habe ich über den Mitschnitt-Dienst des NDR eine Videokassette herstellen und vervielfältigen lassen, sodass ich auch je eine Kopie an Pater Adalbert Balling (Köln) und an Pater Wolfgang Zürrlein (Rom) übergeben konnte; eine weitere habe ich 2003 den Mariannhiller Schwestern vom Kostbaren Blut in Rom persönlich überreicht.

Ein Schreiben von Sr. Ermenfried, der einzigen Überlebenden des Massakers, wurde an Silvester 1976 abgeschickt; auch dieses Briefdokument war an die Mutter der ermordeten Sr. Francis gerichtet:

»Schon wie in den letzten beiden Wochen drängte es mich immer wieder, Ihnen zu schreiben, aber körperliche Schwäche und allgemeines Unwohlsein ließen es noch nicht zu. Sie ersehen (an meiner Schrift), die Finger wollen mir noch nicht recht gehorchen.
Zuerst möchte ich Ihnen mein herzliches Beileid aussprechen zum plötzlichen grausamen Tod Ihrer lieben Tochter. Ich sage *grausam* aus der Sicht des Mörders, denn ich glaube nicht, dass Sr. Francis viel gelitten hat. Man konnte ja nachher den Lauf der Kugel durch ihr Gesicht rekonstruieren.
Wie Sie wissen, war es Bischof Schmitt, auf den der Terrorist zuerst das Feuer eröffnet hat. Sr. Francis beugte sich in echt mütterliche Sorge über ihn, um (ihm beizustehen und) ihn aufzurichten. Ich fühlte (ahnte, spürte) aber, dass diese Bestie in Menschengestalt gleich wieder schießen würde mit seinem Maschinengewehr. Irgendwie kam mir der Gedanke, wirf dich auf die Erde, nur keine Zielscheibe bieten! Ich bewegte mich dann bis zum Hinterrad des Autos und presste meinen Kopf an den Reifen, um einigen Schutz zu haben. Nun lag ich also zwischen Auto und Straßenrand. Als er (der Täter) mit der Schießerei auf die anderen drei (Missionare) fertig war, feuerte er von der anderen Seite des Wagens aus unter das Auto hindurch und traf mich am linken Bein. Die Kugel zerschmetterte den Schienbeinknochen an der Wade. Eigenartigerweise kümmerte sich der Mörder weder um Geld oder Wertsachen noch darum, ob wir wirklich alle tot seien, sondern verschwand stillschweigend im Busch, woher er gekommen war.

Da lag ich nun hilflos im heißen Sand; es war etwa 20 Minuten vor 15.00 Uhr. Langsam sickerte das Blut aus der Hauptvene, die getroffen war. Mein größter Schmerz war, dass ich mich nicht aufrichten konnte, um den Toten Lebewohl zu sagen.

Wenn ich an Sr. Francis dachte, so kam mir das Lied in den Sinn: Ich hat' »einen Kameraden«... – Ich betete: Lieber Gott, lass uns nicht alle verenden wie Tiere in der Wildnis; lass mich leben, damit die Wahrheit ans Tageslicht kommt!

Nach etwa 15-20 Minuten kam ein Auto mit Halbweißen (auch Coloured, Farbige genannt) vorbei – drei Männer und zwei Frauen. Flüsternd erzählte ich ihnen schnell, was geschehen war, und nachdem sie sich überzeugt hatten, dass Bischof Schmitt, Pater Possenti und Sr. Francis bereits tot waren, luden sie mich ins Auto und brachten mich nach einer halbstündigen Fahrt zum St. Luke's-Krankenhaus. Glücklicherweise war eine junge Arztfamilie aus Deutschland anwesend – und so wurde ich gleich ärztlich betreut, während Dr. Davis-Ziegler zum Tatort hinausfuhr. Die Leichen (der drei Opfer) wurden nach Lupane gebracht, zur dortigen Polizeistation. Das Übrige wissen Sie ja!

Liebe Frau van den Berg, Sr. Francis war mir ziemlich nahe gestanden, all die Jahre. Seit 1972 arbeiteten wir im Internat zusammen. Wie oft hat sie mich mit ihrem kölschen Humor erheitert; wie oft trugen wir Leid und Freud gemeinsam!

Nehmen Sie es nicht zu schwer, dass der liebe Gott Ihnen Ihre Elsbeth genommen hat. Nun ist sie mit

ihrem Papa vereint, den sie doch so gerne hatte. Jetzt hat sie es besser als wir. Nachts, wenn ich manchmal aufwache, spreche ich mit ihr – so als wenn sie sich neben mir befände.
Herzliche Beileidsgrüße auch an Ihre Tochter Franziska mit Familie, an Ihren Sohn Hubert mit Familie sowie an Hugo und Frau. Ihre im Leid verbundene...«

Man erinnert sich gern an die ermordete Missionarin
In Regina Mundi und Monte Cassino

Sr. Pia Bojowald meldete sich am ersten Januar 1977; sie adressierte ihren Brief an die *Mutter* sowie an die *Geschwister unserer lieben Schwester Maria-Francis:*
»An der Schwelle des neuen Jahres stehen unsere Herzen still. Das alte Jahr mussten wir mit Ihnen erschüttert und traurig beenden. Wir Schwestern fühlen das tiefe Leid mit Ihnen, und wir beten, dass Gott selbst Ihnen Trost sein möge. Im Besonderen bin ich mit Ihnen im Leid vereint, da ich Ihre gute Familie kenne – von meinem Besuch im Jahr 1967, als gerade Ihr guter Papa gestorben war. Vielleicht erinnern Sie sich noch an mich kleine Schwester? Mein Bruder hatte mich damals dreimal mit dem Auto von Knechtsteden nach Köln-Brück gebracht, und mit Ihnen, liebe Mutter van den Berg, waren wir zum Friedhof und danach zur Familie (Ihrer Tochter) Franziska gegangen. Da ich nach meiner Rückkehr (vom Heimaturlaub aus Europa) mit Elsbeth in Regina Mundi zusammen gearbeitet habe, nahm ich auch immer

gern Anteil an allen Familiennachrichten Ihrerseits. Die letzten drei Jahre bin ich wieder in Monte Cassino in der Schule tätig gewesen, aber ab und zu erfuhr ich von den glücklichen Ereignissen Ihrer Familie – etwa von der großen Freude über die Geburt eines Bübchens in der Abbing-Familie.

Als ich das letzte Mal auf Heimaturlaub war, wurde ich zu meiner todkranken Mutter gerufen; sie starb am 5. Dezember 1971. So können Sie sich vorstellen, dass ich voriges Jahr, am 5. Dezember 1976, von morgens bis abends, diese schweren Stunden am Sterbebett meiner Mutter bis tief ins Herz hinein wieder erlebt habe; es war damals, 1971, übrigens auch an einem Zweiten Adventssonntag.
Und dann, am selben Tag nach dem Abendgebet, erfuhren wir von dem traurigen Ereignis bei Regina Mundi und von der Ermordung der drei Missionare! Mein Bruder schrieb mir, nachdem er in den Deutschen Nachrichten vom Überfall in Rhodesien gehört hatte: »Ausgerechnet am Todestag unserer Mama musste dies passieren!«
Es ist Brauch in unserer Kongregation, beim Abendessen – direkt nach dem Tischgebet – der verstorbenen Mitschwestern zu gedenken. So wird es von nun an am Abend des vierten Dezember immer heißen: »Morgen gedenken wir im Gebet unserer lieben verstorbenen Sr. Maria-Francis sowie der Mutter von Sr. Maria-Pia.«
Ich werde also für den Rest meines Lebens am 5. Dezember im Gebet das Leid und den Verlust unserer Lieben mit Ihnen teilen und tragen.

Es heißt, Gott pflückt nur reife Früchte. Meine Mutter wäre am 10. Dezember 67 Jahre alt geworden. Ihre liebe Elsbeth hat diese Reife schon mit 41 Jahren erreicht. Sie strebte immer nach Höherem, und oft spürten wir in ihren Reden eine starke Sehnsucht nach einem frühen Tod.
Wir alle, Elsbeths ehemalige Mitschwestern, können von ihrem täglichen Leben viel berichten: Sie hatte ein gütiges Herz und war voller Hilfsbereitschaft gegenüber jedem Menschen. Ihre Tüchtigkeit und ihre vornehme Art hat uns alle erbaut. Sie war nur zu gut für diese schlechte Welt, und wir Schwestern geben ehrlich zu, dass wir nicht wert waren, einen so guten Menschen unter uns zu haben. Sie (Elsbeth) erfreut sich nun mit ihrem lieben Vater (Vater van den Berg) ewiger Glückseligkeit.
Wir Missionare hier (in Monte Cassino) wissen nicht, was das neue Jahr für uns bereithält. Der Gefahren sind wir uns allerdings bewusst. Es wird weiterhin auf unschuldiges Leben geschossen.
Ich darf, nach sechs Jahren, wieder den verdienten Heimaturlaub antreten. Aber davor steht noch ein großes Fragezeichen: Werde ich dann noch am Leben sein, wo doch so viele um uns herum ihr Leben lassen müssen? Nur im Vertrauen auf Gott können wir weiterhin unsere Pflichten verrichten. Im Gebet Ihrer täglich gedenkend, verbleibe ich mit herzlichen Grüßen Ihre dankbare...«

Sr. Benedictis ließ mich am zehnten Januar 1977 unter anderem wissen:

»Nun bin ich getröstet zu hören, dass Du – wie auch Deine liebe Mutter – alles in wahrem Glaubensgeist aufgenommen hast. Elsbeth hat jetzt den besten Teil erwählt, aber wir haben noch den Kampf zu bestehen, um uns zu bewähren. Wir sind alle in großer Gefahr, doch wir mühen uns, in Ruhe und Gottvertrauen unseren Arbeiten nachzugehen...
Habt Ihr (in Deutschland) gehört, dass der Mörder (nachdem man ihn festgenommen hatte) wieder aus dem Gefängnis entwischt ist? Den kriegen sie nicht mehr; denn der ist über den Sambesi nach Sambia geflüchtet. Gott sei seiner armen Seele gnädig, und beschütze uns vor seiner Rache...«

Sr. Praxedis richtete ihren Brief vom neunten Februar 1977 an unsere Mutter:
»Nun sind – seit dem Tod Ihrer Tochter – schon über zwei Monate vergangen; morgen werden wir in Salisbury sieben weitere Missionare[29] beerdigen müssen. Es ist alles so traurig, aber trotz unserer Niedergeschlagenheit hoffen wir, dass das Lebensopfer dieser guten, wertvollen Menschen unserem Land doch endlich zum Frieden verhilft.
Mit Ihnen und Ihrer Familie betrauere ich – zusammen mit den vielen Menschen hier in Rhodesien – den Tod von Sr. Francis. Wir, Elsbeth und ich, waren Klassenkameradinnen in Neuenbeken. Nach vier Jah-

29 Drei Jesuiten (zwei Patres und ein Bruder) sowie vier Dominkanerinnen, die am 6. Februar 1977 auf der St. Paul's-Mission / Musami ermordet wurden

ren trennten sich unsere Wege, da ich ins Noviziat nach Holland (Heilig Blut) ging. Aber dann trafen wir uns hier in Rhodesien wieder. 1962 löste Sr. Francis mich ein Jahr in Empandeni ab; wir sahen uns meist nur noch in den Ferien, aber ich hatte das Glück, später anderthalb Jahre lang mit ihr in Regina Mundi unterrichten zu dürfen. In dieser Zeit haben wir uns glänzend verstanden. Sie war es, die mir beibrachte, wie man ein Kleid schneidert! Den gut sitzenden Schnitt, von ihr erstellt, benutze ich heute noch. Sie war auch überall sehr geschätzt. Als gegen Ende des letzten Jahres die Wahl für eine neue Provinzialin näher rückte, fiel ihr Name sehr häufig, aber Gott hat es anders gewollt.

Das Rhodesische Kultusministerium hat im Januar 1977 einen Nachruf auf Sr. Francis veröffentlicht, in dem es unter anderem hieß (ich übersetze):

Sr. Maria-Francis stellte 17 Jahre ihres Lebens in den Dienst der afrikanischen Volks- und Höheren Schulen. Ihr frühzeitiger Tod hat die heranwachsende Generation der Inspiration einer sich hingebenden christlichen Erzieherin beraubt...

Am 15. Dezember wohnten drei Monte Cassino-Schwestern der Auferstehungsmesse bei, die der schwarze Erzbischof von Salisbury zusammen mit 29 Priestern (schwarze wie weiße) in der Kathedrale der Hauptstadt zelebriert hat. Das Gotteshaus war bis zum letzten Platz gefüllt. Der Prediger, ein älterer Jesuitenpater, trug eine breite rote Stola, um, wie er sagte, *die drei Märtyrer und Heiligen zu ehren*. Die Tatsache, dass der Mörder sie als *Feinde des Volkes* bezeichnet habe, lasse keinen Zweifel daran, dass Bischof, Pater und Schwester als Märtyrer gestorben seien.

Obwohl meine Tränen unaufhörlich flossen, empfand ich doch einen gewissen Trost, solch einen guten Menschen wie Sr. Francis als Mitschwester gehabt zu haben. Ich habe es mir inzwischen angewöhnt, in unserer sorgenvollen Zeit öfter zu Sr. Francis zu beten. Sie kennt unsere Ängste und Nöte am allerbesten, besonders auch die unserer Schülerinnen...

Alle Schwestern von Monte Cassino senden Ihnen, liebe Frau van den Berg, und allen Geschwistern von Sr. Francis unsere innige Anteilnahme. Ich kann ihnen versichern, dass wir, seitdem uns die Nachricht (vom Überfall) erreicht hat, oft an Sie im Gebet gedacht haben und es auch weiterhin tun werden. Ihnen und Ihrer ganzen Familie alle guten Wünsche und Gottes Segen...«

Sr. Editha Schuldheis ließ mich mit Schreiben vom 9. August 1977 in gebotener, stenogrammartiger Kürze wissen:

Wir verlassen Regina Mundi fluchtartig per Bahn. Innerhalb von vier Tagen (hatten wir) zwei Überfälle auf Stationen: Vier Tote. Ich stand in der Todesreihe, hatte tausend Schutzengel (zur Seite). Lege ein Andenken von Elsbeth bei, das ich in ihrer Schublade fand. (Ich) bin am fünften August zuletzt an der Todesstelle gewesen, stand am sechsten August vor dem Gewehr (eines Terroristen). Danke für (Ihr) Gebet. Betet weiter! Grüße von allen Schwestern.

Sr. Pia berichtete vierzehn Tage später, am 23. August 1977:

»Da wir nun wieder in Traurigkeit gehüllt sind über eine unserer Mitschwestern, die mitten in der Arbeit, bei ihrem Dienst an den Kranken, zusammen mit einer Missionsärztin[30] erschossen wurde, bin ich in Gedanken auch bei Ihnen, liebe Familie van den Berg. Es war eine österreichische Mitschwester, die in Südafrika 20 Jahre lang tätig war und Sr. Francis persönlich nicht gekannt hat. Jetzt ruht sie neben ihr auf dem Friedhof in Bulawayo...

Wir fallen hier von einer Schreckensnachricht in die andere. Sie hören sicher auch vieles übers Radio, aber manches wird auch verschwiegen, besonders, dass so viele Afrikaner ermordet werden, weil sie bei Europäern angestellt sind. Auch in unseren Schulen spüren wir fast nur noch das übermäßig dreiste Benehmen der Kinder – und empfinden es als Härte (und Ablehnung).

Am zweiten Dezember werde ich meinen Heimaturlaub antreten. Ich kann mir gar nicht mehr vorstellen, dass man den Tag und die Nacht ohne die bange Frage verbringt: Wird da vielleicht plötzlich ein gefährlicher »Gast« in der Nähe sein? Das setzt uns körperlich wie nervlich (seelisch) sehr zu, denn vieles passiert inzwischen auch bei Tage – wie in St.

30 Die Opfer waren Sr. Ferdinanda Ploner CPS aus Kärnten und Dr. Hanna Decker, geboren in Nürnberg, aufgewachsen in Amberg, seit Ende der 50-er Jahre im Bistum Bulawayo tätig. (Vgl. den Sammelband »Keine Götter, die Brot essen, sondern Brückenbauer zwischen Schwarz und Weiß«, Verlag Mariannhill Würzburg 2001)

Paul's, wo die Missionsärztin und eine unserer Schwestern erschossen wurden.
Ich hoffe, dass ich mich bald erhole und Ihnen einen Besuch abstatten kann. Momentan schleppe ich mich von Tag zu Tag – und ich bin froh, dass ich diese Last (das jeweilige Pensum) noch schaffe. Ich bin aber auch ebenso froh, wenn die Nacht ohne Gefahr vorüber ist.
So möchte ich herzliche Grüße an alle lieben Verwandten unserer Elsbeth richten – vom Land ihres Martyriums. Auf Wiedersehen! In Dankbarkeit Ihre für Sie betende...«

Zwischen Bürgerkrieg und Unabhängigkeit
Briefe aus den Jahren 1979 – 1982

Am siebten September 1979 richtete Sr. Pia einen (weiteren) ausführlichen Brief an unsere Mutter und die Verwandten der ermordeten Sr. Maria-Francis; daraus entnehmen wir eine längere Passage:
»Unser Land wird immer noch von Grausamkeiten heimgesucht. Fast alle Missionsstationen mussten schließen, sogar jene, auf denen Krankenschwestern ausgebildet wurden. Wir weißen Missionare warten in den paar wenigen Städten auf das Signal, dass wir wieder zurückkehren können...
Hier in Salisbury sind wir Schwestern vom Kostbaren Blut auf sieben Orte verteilt. Wir können sehr selten alle zusammenkommen. Vier von uns haben eine Mietwohnung in einem Hochhaus nehmen müssen –

darunter die Schwestern Sturmia und Praxedis, Klassenkameradinnen von Sr. Francis. Ich selber bin bei den Dominikanerinnen gut aufgehoben. Sie führen hier eine großartige Mädchenschule – mit fast ausschließlich europäischen Kindern. Ich unterrichte auch hier Mathematik. Wir Schwestern sind vorerst nur für ein Jahr hier. Da aber zunächst kaum Hoffnung besteht, dass wir auf die Missionsstationen zurückkehren dürfen, werde ich auf eigenen Vorschlag hin nach Südafrika versetzt, wo wir viele blühende Schulen betreuen. Die größte von ihnen befindet sich im Missionszentrum Mariannhill; nach dort werde ich noch vor Weihnachten umsiedeln. So ein drastischer Wechsel ist nicht einfach, aber zur Zeit ist das einfach eine Notwendigkeit. Ich werde Ihrer gerne (auch von dort aus) gedenken...
Ich lege ein Negativ bei, eine Kopie; darauf ist die junge afrikanische Schwester Maria-Francis zu sehen, vor einer Palme auf Monte Cassino. Sie hatte Elsbeth noch als Lateinlehrerin und wurde im Januar 1977 eingekleidet und trägt seitdem den Namen der Ermordeten, unterrichtet Mischlingskinder an der Schule in Bushtick und geht Sr. Benedictis zur Hand. Dort, in Bushtick, war ja auch der erste Einsatz von Elsbeth, an dergleichen Schule. Und sie war gerne dort!
Ansonsten gibt es von hier nur Trauriges zu berichten. Vorgestern haben sich einige Terroristen auf die Allerseelen-Mission geschlichen, wo die Leprakranken des Landes betreut werden. Niemand wollte bisher das Risiko eingehen, bei und mit diesen dahin-

siechenden Aussätzigen zu leben, nur ein junger Mann, Mitglied des Dritten Ordens vom heiligen Franz von Assisi, kümmerte sich um sie schon seit mehreren Jahren. Täglich ging er mit einem Schubkarren, etwas Essen und schmerzlindernden Tabletten von Hütte zu Hütte, von einem Kranken zum andern. Jetzt haben ihn die Banditen zu Tode geprügelt. Wie traurig müssen seine Kranken sein, und wie niedergeschlagen! Sie haben momentan niemand, der die Arbeit dieses Samaritans weiterführen würde.
Der Ermordete stammte aus England, hatte Medizin studiert, sich dann für die Ärmsten der Armen hierzulande zur Verfügung gestellt und sein Leben für sie geopfert.
Natürlich fragen sich viele von uns, halb verzweifelt: Warum lässt Gott so etwas zu? Er ist doch ein Gott der Liebe, des Erbarmens!?
Am meisten leiden die Afrikaner unter den grausamen Verhältnissen der letzten Jahre. Darüber wird wenig veröffentlicht; es sind sehr viele Opfer...
Wir (Schwestern) danken Ihnen allen, dass Sie unser auch weiterhin im Gebet gedenken... – Auf Wiedersehen! Und herzliche Grüße von Ihrer dankbaren...«

Knapp zwei Monate später, am 30. November 1979, meldete sich Sr. Pia wieder – diesmal mit dem neuen Namen des Landes, *Simbabwe*. Auch aus diesem Schreiben ein paar Zeilen: »Für mich ist nun die letzte Woche in diesem geplagten Land gekommen. Bis zum sechsten Dezember bin ich noch in der Schule, dann ist meine Aufgabe hier bei den Dominikanerinnen

beendet, und ich werde wieder auf unseren Missionen tätig sein – diesmal in Mariannhill in Natal, Südafrika, wo unsere Kongregation gegründet wurde... –
(Hier wurde der Brief unterbrochen) Inzwischen haben wir den elften Dezember; morgen geht's mit dem Flugzeug nach Durban, via Johannesburg. Gegen 15.00 Uhr werde ich schon in Mariannhill sein, wo ich mich bei unseren Schwestern schon bald zu Hause fühlen werde.
Möge hier alles noch gut enden, denn immer noch passieren grausame Dinge, verübt an unschuldigen Menschen. Es ist kein Leben mehr hierzulande für uns Weiße. Und trotzdem versuchen wir weiterhin, die Kirche (und den Glauben) hochzuhalten. Aber ich fühle mich (mittlerweile) ganz unfähig dazu; daher reise ich ab...

Sr. Benedictis ergänzte die Informationen ihrer Mitschwester anderthalb Jahre später in ihrem Brief vom fünften Mai 1981:
»Vor einer Woche wurde wieder einer unserer Missionare erschossen – abends in seinem Zimmer auf der Missionsstation. Ein zweiter, älterer Priester und Freund des Ermordeten[31] erlitt einen Schock, als er diese Nachricht hörte, und starb an akutem Herzversagen. Wir hatten eine Doppelbeerdigung.

31 Ermordet wurde Pater Edmar Georg Sommerreisser CMM; betroffen von dieser Nachricht, erlitt Pater Marianus Renk CMM einen Herzschlag; vgl. »Keine Götter, die Brot essen...«, Würzburg 2001

Der Überfall passierte übrigens auf derselben Station (Regina Mundi-Mission), wo man Bischof Schmitt, Pater Possenti und Sr. Francis sowie einen österreichischen Bauunternehmer während der bürgerkriegsähnlichen Unruhen erschossen hatte...
Momentan sind die Schwestern Editha und Ermenfried bei uns – für eine Woche, um Exerzitien zu machen. Sie sind nur noch zwei große Nervenbündel (infolge der andauernden Unruhen, Überfälle und Mordanschläge). Du kannst Dir denken, wie dieser neue Mord ihnen zugesetzt hat. Und trotzdem wollen beide wieder nach Regina Mundi zurück. Fürwahr, sie haben Märtyrermut und Gottvertrauen!«

Sr. Pia meldet sich noch einmal – wieder aus Rhodesien, das jetzt Simbabwe heißt – und zwar in einem Brief vom 12. August 1982:
»Gerne möchte ich Sie alle vom Grab der lieben Elsbeth grüßen. Da habe ich aller gedacht. Sr. Francis ist uns ja eine große Fürsprecherin beim Herrn der Schöpfung.
Hier, im Land, geht das Morden weiter. Man setzt sich der Gefahr aus, wenn man lange Strecken zu fahren hat. Überfälle sind an der Tagesordnung. Sogar Touristen verschont man nicht. Es ist schade, dass der Frieden nicht einziehen kann, weil die verschiedenen Stämme sich nicht einig werden wollen. Da hat (früher) die weiße Regierung die Balance gehalten zwischen den verschiedenartigen Menschengruppen. Jetzt fürchtet man, dass alles ins Chaos fällt, weil viele Europäer das Land verlassen. Brot ist hier zur Zeit ein

Luxusartikel; an den Bäckereien stehen die Leute Schlange – schon vor dem Öffnen der Läden. In unseren Schulen haben wir jetzt mehr Jugendliche als je zuvor, da (laut Regierungspropaganda) alle Kinder nach der Volksschule eine Höhere Schule besuchen sollen. Aber die Begabung zum Studieren haben die Wenigsten von ihnen, weil man sie nicht auswählt, wie man das früher getan hat.
Ich hatte immer die Fächer Mathematik, Physik, Chemie und Biologie zu unterrichten, da unsere afrikanischen Lehrer dazu keine Ausbildung hatten. So sind wir froh und dankbar, wenn wir jemanden bekommen, der wenigstens ein paar Jahre eine Höhere Schule besucht hat. Ich wirke hier zusammen mit Sr. Ludbirga, die einst mit Sr. Francis die Missionsschule (in Neuenbeken) besucht hat. Wir sind die einzigen von acht Lehrkräften an dieser Schule, die eine solide Ausbildung gemacht haben. Daher liegt die Verantwortung für die 240 Schulkinder vor allem bei uns beiden...«

* * * * *

Soviel an Briefauszügen – herausgenommen aus der Vielfalt jahrelanger Korrespondenz mit den Mariannhiller Schwestern vom Kostbaren Blut. In fast allen Schreiben wird deutlich, unter welch psychischem Druck die Missionare damals gestanden – und dennoch versucht haben, ihr Bestes zu geben, weiterhin zu unterrichten und vor Ort auszuharren. Natürlich mit Gottes Hilfe und im Vertrauen auf seinen Schutz und Segen.

Wir, die Angehörigen der Familien van den Berg und Abbing, waren all die Jahre viel und oft mit unseren Gedanken in Rhodesien / Simbabwe, bei den Schwestern und Missionaren. Wir haben in unseren Antwortbriefen immer auch versucht, ihnen Mut zu machen. Aber ich muss gestehen, es war nicht leicht für mich, diese meist traurigen und bedrückenden Briefe zu beantworten, auch im Namen unserer Mutter. Es hat uns psychisch belastet. Aber im Gebet blieben wir immer vereint.

Vielleicht noch ein paar kurze Anmerkungen über den Zeitpunkt, als man uns über den Tod unserer Elsbeth benachrichtigt hat – und wie es zeitlich verlaufen ist. Übermittelt hat uns die schlimme Botschaft als erster Pater Alexander Ultsch[32] von der Mariannhiller Mission in Köln. Er suchte persönlich die Wohnung unserer Mutter in Brück auf – auch um ein Foto von Elsbeth zu erfragen.
Wir besaßen ein großes Bild, das Monsignore Jakob Holl, Direktor im Katholischen Fernsehbüro und Gründer des Kinderdorfes *Die Gute Hand* in Biesfeld (Berg.Land), ein paar Jahre früher während seines Besuches in Afrika (1965)von Elsbeth aufgenommen hatte. Holl wohnte in unserer Nachbarschaft und

32 Wie sich herausstellte waren neugierige Journalisten eines deutschen Boulevardblattes schon vor ihm dort, fanden Frau van den Berg nicht an, ließen sich aber von einem der Kinder das Familienalbum zeigen und entnahmen diesem mehrere Fotos der ermordeten Missionarin – ohne die Erlaubnis von Seiten eines Erwachsenen einzuholen.

kannte unsere Familie recht gut; ich hatte jahrelang in seinem Büro mitgearbeitet.

Mutter war gerade bei uns in Refrath. Der kleine Markus, Sohn meines Bruders Hubert, rief weinend bei uns an, um zu berichten, was er gerade erfahren hatte: Die traurige Nachricht vom Tod seiner Tante Elsbeth. Nach Erhalt dieser Hiobsbotschaft rief ich umgehend bei den Schwestern in Neuenbeken und in Rom an, um herauszufinden, ob alles stimmte, aber niemand konnte mir bei der großen Aufregung Genaues mitteilen. Abends erhielten wir dann Nachricht aus Rom – und die Bestätigung des grausamen Überfalls.

Auch unsere Kinder haben schwer daran getragen, als wir die Todesnachricht bekamen. Sie weinten so sehr (fast wie afrikanische Mädchen), dass ihre Lehrer uns rieten, die Mädchen vorerst zu Hause zu lassen und nicht in die Schule zu schicken. Sie sollten dieses schreckliche Geschehen erst mal innerlich verarbeiten.

Unsere Älteste, gut elf Jahre alt, sagte mit Tränen in den Augen: »Jetzt habe ich kein Lebensziel mehr; jetzt weiß ich nicht mehr, was ich einmal werden soll, wenn man schon die Missionare ermordet!« Ihr Wunsch war es nämlich, Ordensschwester zu werden. Dazu hatte sie sich auch in der Klasse immer bekannt und war deswegen von den anderen Schülern ausgelacht worden.

Ich wäre gerne zur Beerdigung nach Rhodesien geflogen, aber unsere Angelika flehte mich an: »Mama, bleib hier. Du bist auch eine Weiße – und wirst am Ende auch noch erschossen!«

Das gab mir sehr zu denken, war doch unser kleiner Georg gerade erst ein gutes Jahr alt!

Und jetzt, dreißig Jahre später, wo ich Zeit hätte und »frei« wäre, das Grab meiner Schwester zu besuchen, raten mir viele Missionare ab, weil es in Simbabwe immer noch unruhig und gefährlich ist...

12.

Gedenktafeln an Sr. Maria-Francis van den Berg

Am Tatort in Simbabwe und in ihrer Heimatgemeinde St. Antonius Abbas

Zum Andenken an die Mariannhiller Märtyrer-Missionarin wurde in ihrer Heimatpfarrei Sankt Antonius Abbas zu Bergisch Gladbach-Herkenrath (früher: Bensberg-Herkenrath) am Allerseelentag, dem zweiten November 2002, eine Gedenktafel enthüllt und feierlich eingeweiht – in Anwesenheit von Prälat Dr. Helmut Moll, Herausgeber des großen deutschen Martyrologiums[33] des 20. Jahrhunderts, und vielen Gläubigen der Pfarrgemeinde.
Der Künstler dieses Memorials, Helmut Moos, ist weit über das Erzbistum Köln hinaus für seine sakralen Werke bekannt.

33 »Zeugen für Christus«, herausgegeben im Auftrag der Deutschen Bischofskonferenz; 4. erweiterte Auflage, Ferdinand Schöningh, Paderborn 2006. (Über die Mariannhiller Märtyrer-Missionare: Bd II, 1220-1240)

Gedenktafel in St. Antonius Abbas
zu Herkenrath mit folgendem Text:

Zum Gedenken
an die Mariannhiller Missionsschwester
vom Kostbaren Blut
Sr. Maria-Francis Elsbeth van den Berg CPS
** 27.06.1935 in Remscheid*
+ 05.12.1976 bei Regina Mundi-Mission
in Rhodesien (Simbabwe)

Sie wurde am 04.07.1935 in St. Joseph in Remscheid getauft
und ist in der Pfarrei St.Antonius Abbas in Herkenrath aufgewachsen.
Auf dem Weg zu einem Krankenbesuch in der St.Luke's-Mission wurde sie
– zusammen mit Bischof Adolf G. Schmitt und Pater Possenti Weggartner –
von einem Terroristen ermordet.

Wer zu Gott kommen will, muss glauben, dass er ist,
und dass er denen, die ihn suchen, ihren Lohn geben wird.
Hebr.11,6

Ein weiteres Denkmal wurde den Märtyrern von Rhodesien vor der Kirche in Regina Mundi gewidmet. Nach der Beendigung des Bürgerkriegs hat man dort ein Kreuz errichtet – mit den Namen der Ermordeten. Am Tatort selbst, also an der einsamen Buschstraße zwischen Regina Mundi und St. Luke's, wurde ebenfalls ein Kreuz aufgestellt.
Beide Kreuze sollen symbolisch an die Missionare erinnern, die hier ihr Leben lassen mussten. Es sind aber auch Mahnmale für die Menschen des Landes, sich ihrerseits um Frieden und Versöhnung zu mühen.

In einem Brief an mich (Franziska Abbing)vom 14. Dezember 1988 schrieb Sr. Philothea Willmes CPS, sie befinde sich seit September des vorausgehenden Jahres in Simbabwe und wolle Anfang Februar 1989 nach Rom zurückkehren.
Dann fährt sie fort: »Gestern und vorgestern weilte ich in Regina Mundi, stand vor der Kirche und schaute mir

lange das Denkmal an, auf dem auch Ihre Schwester Sr. Maria-Francis ein bleibendes Gedenken gefunden hat. Ich war auch mehrere Male auf dem Friedhof in Bulawayo (an den Gräbern der ermordeten Missionare), wo von 1976 an zehn Mariannhiller Schwestern, Patres und Brüder ihre letzte Ruhe gefunden haben – sie alle Opfer der Gewalt.
Am 19. April dieses Jahres traf es unseren guten Bruder Kilian Knoerl CMM in Empandeni bei einem mörderischen Überfall auf diese Station.
Wir hoffen sehr, dass durch die Vereinigung der beiden großen afrikanischen politischen Parteien mehr Friede ins Land kommen wird. Zur Zeit kann man es schon spüren; man sieht kaum mehr Straßensperren, und auch nur selten Soldaten. Nur die Ostgrenze zu Mosambik wird immer noch schwer heimgesucht.
Liebe Frau Abbing, gerne erinnere ich mich an die Begegnung mit Ihnen in Neuenbeken. (Auch deswegen) drängte es mich regelrecht, Ihnen von hier aus zu schreiben...«

Ergänzend möchte ich dazu sagen: Sr. Philothea hatte uns 1983 zum 15. August (Mariä Himmelfahrt) nach Neuenbeken eingeladen – zu den Professjubiläen mehrerer Schwestern: Sr. Gregoris und Sr. Salesia (50), Sr. Ludbirga, Sr. Andrea, Sr. Marita und Sr. Alexandra (25); dazu gehörte auch Sr. Maria-Francis, meine Schwester. Ferner: Profess-Erneuerung von Sr. Theresia.
Wir, unsere Familie – unsere Mutter war auch dabei – haben am Festgottesdienst teilgenommen und durften so einen sehr schönen Tag in Neuenbeken verbringen.

13.

Die Geschichte Simbabwes im Überblick

Zeittafel mit wichtigen Ereignissen

Ungefähr 10 000 v. Chr. entstanden die ersten Felsmalereien im heutigen Simbabwe; sie werden mit den in der Kalahari lebenden Buschmännern in Verbindung gebracht

Ab 200 v. Chr. drangen aus dem Norden des Kontinents Bantustämme in die Region zwischen Sambesi und Limpopo vor; sie betrieben Landwirtschaft und kannten auch schon die Eisenverarbeitung

Die um 1000 n. Chr. auf dem Hochplateau des Landes lebenden Ackerbauern und Viehzüchter gelten als die Vorfahren der heutigen Shona, des größten afrikanischen Stammes in Simbabwe; unter mehreren Dynastien erreichte ihre Kultur einen relativ hohen Stand

1220-1450 Hochblüte des Reiches von Great Zimbabwe; die danach benannten weltberühmten Ruinen gehen auf diese Zeit zurück

1840 Die Amandebele, ein Zweig der Zulu in Natal, dringen unter ihrem König Mzilikazi in den südlichen Teil des Landes vor

1859	Gründung der ersten christlichen Mission durch die London Mission Society (LMS)
1870	Lobengula übernimmt nach dem Tod Mzilikazis die Herrschaft seines Vaters
1879	Die ersten Jesuitenmissionare erreichen, von Südafrika via Botswana kommend, Gu-Bulawayo (Alt-Bulawayo) in den Matoposbergen und errichten ein Steinhaus in unmittelbarer Nähe des königlichen Krals
1888	Vertrag der Amandebele mit den Briten (Rudd Concession) hat die Landbesitznahme durch die Weißen zur Folge
1889	Cecil Rhodes gründet die British South African Company (BSAC), der Großbritannien die Hoheitsverwaltung überträgt (Royal Charter)
1890	Pionierkolonne (Siedlertreck) zieht von Südafrika her bis in das Gebiet der Shona (der nordöstliche Teil des heutigen Simbabwe)
1893	Aufstand der Amandebele; Lobengula stirbt 1894, wahrscheinlich an Malaria in der Nähe der späteren Missionsstation St. Paul's (Lupane) am Shanganifluss
1895	Die gesamte Region, die heute Sambia und Simbabwe umfasst, erhält den Namen Rhodesien (nach C. Rhodes)

1896	Aufstand der Shona gegen die weißen Landbesetzer; im selben Jahr erster Versuch der Mönche von Mariannhill in Manicaland (Triashill)
1902	Auf der von Lobengula an die ersten Missionare übergebenen Großfarm von Empandeni entsteht eine zweite Missionsstation: Embakwe; Gründer und erster Katechet ist ein ehemaliger Witchdoctor (Zauberer) Mariannhiller Mönche beginnen die Monte Cassino Mission bei Salisbury
1922	Die weißen Siedler entscheiden sich gegen den Anschluss Rhodesiens an Südafrika und für den Fortbestand der britischen Kolonie
1923	Rhodesien erhält eine koloniale Selbstregierung
1930	Gesetzliche Landaufteilung zwischen Weißen und Schwarzen (Land Apportionment Act). Im selben Jahr wechseln Jesuiten und Mariannhiller die »Missionsgebiete« – die Mariannhiller verlassen auf Weisung Roms die blühende Manicaland-Mission und übernehmen Matabeleland; die Jesuiten ziehen vom Südwesten (Bulawayo & Umgebung) in den Nordosten (Triashill, St. Benedikt, Monte Cassino u. v. a. Stationen)

1953 Gründung der Föderation (Südrhodesien, Nordrhodesien und Nyassaland), die wenige Jahre später wieder auseinanderbricht – in (Süd)Rhodesien, Sambia und Malawi

1957 Joshua Nkomo gründet die erste landesweite politische Opposition von Seiten der Afrikaner

1961 Verbot der afrikanischen Oppositionsparteien durch die weiße Regierung; zwei Jahre später Aufspaltung der politischen Gegner in die Zimbabwe African National Union (ZANU) und Zimbabwe African People's Union (ZAPU)

1964 Ian Smith (Rhodesian Front) wird Premierminister; ein Jahr später erklärt er die einseitige Unabhängigkeit des Landes von Großbritannien.

1968 Die Vereinten Nationen verhängen weitreichende Wirtschaftssanktionen. Beginn des »Befreiungskriegs« der Schwarzen gegen die weiße Regierung, der in den 70-er Jahren immer brutalere Formen annimmt

1976 Ian Smith erklärt sich bereit, eine schwarze Mehrheitsregierung zu akzeptieren. Im selben Jahr scheitert die Genfer Rhodesien-Konferenz. Im Dezember Ermordung der ersten katholischen Missionare

1978	Smith und (der afrikanische Methodistenbischof) Muzorewa bilden eine gemeinsame Interimsregierung. Im Sommer des folgenden Jahres wird Muzorewa Premierminister, jedoch ohne internationale Anerkennung
1980	Die ZANU gewinnt die Wahlen mit großer Mehrheit; Robert Mugabe übernimmt die Amtsgeschäfte in Salisbury, das jetzt Harare heißt; das Land (Rhodesien) wird in Simbabwe umbenannt

Zusätzliche Anmerkungen zur Bevölkerung des Landes:

Die beiden großen Stämme (Amandebele und Shona) sind bis heute tonangebend; sie waren es schon zur Zeit, als die ersten Weißen das Land besetzten. Der wesentlich größere der beiden Stämme sind die Shona.

Die Amandebele, von Haus ein kriegerisches Volk, waren zeitweise die Herren über die Shona, denen sie in grausamen Raubzügen nicht nur das Vieh raubten, sondern auch die jungen Frauen.

In späteren Jahren, zur Zeit der Kolonialherrschaft, spielten die Gegensätze der beiden Stämme kaum mehr eine Rolle; die wurden erst nach der politischen Unabhängigkeit (1980) wieder stärker.

In der Naturreligion beider Volksgruppen nimmt die Ahnenverehrung eine wichtige Rolle ein. Durch Heiraten zwischen den beiden Stämmen entstanden neue

Verwandtschafts-Beziehungen. Ackerbau und Viehzucht bildeten für beide Gruppierungen die eigentliche Lebensgrundlage.

Die Bevölkerungsstatistik sieht ungefähr so aus: 75-80 % Shona; 18-20 % Amandebele; 3,5 % afrikanische Minderheiten; die Weißen – einst, zur Zeit der Föderation, ungefähr 260 000 – gingen sehr stark zurück, vor allem durch Auswanderung nach Südafrika, Australien und Neuseeland.
Etwa ein Drittel der Gesamtbevölkerung ist christlich (Methodisten, Anglikaner, Reformierte, Katholiken usw.); nahezu zwei Drittel »bekennen« sich zur (Natur)Religion ihrer Vorfahren.

Landschaftlich ist Simbabwe eine wunderschöne Region – mit kontinentalem Binnenklima, das heißt: trockene Hitze und daher (für Weiße) leichter zu ertragen. Es gibt zwei große Jahreszeiten – die Regen- und die Trockenzeit; dazwischen ein paar Übergangswochen bzw. Monate. Die Regenzeit (ungefähr von Oktober bis März) ist schwül und heiß; in der Trockenzeit (zirka von April bis September) kann es recht kühl und kalt werden.

Simbabwe wird von einem Hochplateau zwischen 1200 und 1600 Meter durchzogen (von Plumtree über Bulawayo und Gweru bis nach Harare und Mutare), hat aber auch Berge, Wälder, Savannen und tropisches Tiefland. Der Baobab (Affenbrotbaum) ist hier heimisch, aber es gibt auch Teak- und Akazienwälder. Die Früchte des Baobab sind essbar und reich an Vitaminen; die schwarzen Kinder nennen sie »sweets« (Süßigkeiten). Seine exotische Gestalt macht ihn zum erklärten Fotoobjekt der europäischen Touristen.

14.

Die politische Weiterentwicklung in Simbabwe

Pressestimmen und Magazin-Berichte in den Jahren/Jahrzehnten nach der Ermordung der ersten drei katholischen Missionare

Pater Dr. Wolfgang Hoffmann SJ veröffentlichte 1979 in der September/Oktober Ausgabe der Katholischen Missionen (KM) einen ausführlichen und aufschlussreichen Bericht zur Situation in Rhodesien just zu dem Zeitpunkt, als »die Zeit der weißen Alleinherrschaft über Rhodesien« zu Ende ging. Ich zitiere ein paar besonders informative Abschnitte:

> Am ersten Juni 1979 lief eine Minute nach Mitternacht die Zeit der weißen Alleinherrschaft über Rhodesien ab. Mit Tänzen und Freudengesängen feierte die afrikanische Bevölkerung den neuen Staat: Simbabwe. – Das Wort ist kein Phantasiegebilde. »Simbabwe« ist älter als Rhodesien. Heute tragen Ruinen mitten im Land diesen Namen. Lange hat man herumgerätselt, wer diese Bauten[34]

[34] Vgl. dazu die ausführliche Beschreibung dieser Ruinenstätte in: »Thandabantu – der Wandermönch von Triashill«, Verlag Mariannhill Würzburg 2005

errichtet hat. Man sprach Afrikanern die Fähigkeit dazu ab. Vielleicht waren es Ägypter, hieß es. Waren hier ihre sagenhaften Goldbergwerke? Erst moderne Bestimmungsmethoden beseitigen jeden Zweifel an der Zeit der Errichtung dieser Bauten. Sie sind wesentlich jünger und müssen von einem afrikanischen Herrscher stammen, Ausdruck seines starken Selbstbewusstseins. Daran knüpft der neue Name des Landes an. Aber auch die Kolonialgeschichte mit Sir Cecil Rhodes lässt sich nicht ungeschehen machen. Auch dieses Erbe wird mitbestimmend sein, mit allem Negativen und hoffentlich auch mit allem Positiven, was es dem Land gebracht hat. – »Wir wollen einen neuen Bund aller Rassen gründen«, sagte der Methodistenbischof Muzorewa, der neue Premierminister. »Das ist die Stunde des Sieges, für die wir 88 Jahre gekämpft haben. Wir müssen unsere Gefühle zügeln. Zeigen wir uns der Verantwortung würdig – und halten wir Ruhe!«

Man könne die gegenwärtige Lage dieses Landes nur im Rückblick auf die jüngste Geschichte verstehen, schreibt Pater Hoffmann weiter. Nach der einseitigen Unabhängigkeitserklärung Rhodesiens am 11. November 1965 habe die weiße Minderheitsregierung die diskriminierende Rassentrennung immer rigoroser durchgeführt, aber Rhodesien sei von keinem Staat der Welt anerkannt worden. Gleichzeitig hätten die international verhängten Sanktionen gegen das Land mehr und mehr gegriffen. In den Folgejahren sei der Guerillakrieg immer brutaler geführt worden. Unterstützung für ihre militanten Aktionen sei wohl in erster Linie von den kommunistischen Ostblockländern gekommen, aber auch von China und Nordkorea. Über diesen schrecklichen Krieg und seine Opfer heißt es bei Hoffmann weiter:

> Seit sieben Jahren ist in Rhodesien offener Krieg. Den Christen in aller Welt hat er sich durch die Zahl der ermordeten Missionskräfte eingeprägt. Die katholische Kirche verlor einen Bischof, eine Missionsärztin, einen Missionshelfer, Patres, Schwestern und Brüder – insgesamt (bis Sommer 1979!) über dreißig Opfer, zwei von ihnen hat man nicht gefunden. Schlimmeres ist der Kirche in unserer Zeit vielleicht nur in Kambodscha geschehen. Aber man darf nicht vergessen, dass diese Zahl, ja selbst die Zahl aller ermordeten Weißen in Rhodesien, ganzer Farmerfamilien, nur einen Bruchteil der Tausende von Afrikanern ausmacht, die in den letzten Jahren in Rhodesien den Tod gefunden haben. Sie wurden wegen Überschreitens der Ausgangssperre bei der Rückkehr von ihren Feldern von rhodesischen (weißen oder schwarzen) Soldaten abgeknallt. Sie wurden von den Rebellen verstümmelt, gefoltert, ermordet, weil man sie für Verräter hielt. Sie wurden insgeheim von der rhodesischen Regierung hingerichtet oder auch von Nko-

> mos Leuten (Amandebele) mit Plastiktüten, die man ihnen überstülpte und dann anzündete, erstickt, einfach weil sie dem Stamme der Shona angehörten; es sind Menschen wie Freiwild zwischen den Jägern hin und her gehetzt worden...

Pater Hoffmann verweist in seinem Länderbericht auch auf die persönliche Haltung der Missionare vor Ort, die schier ausnahmslos sich dafür entschieden, trotz der schrecklichen Untaten bei ihren »Herden« zu bleiben. In diesem Zusammenhang zitiert er aus dem letzten Brief des am Neujahrsmorgen 1979 ermordeten Schweizer Paters Martin Holenstein: »Wir müssen um des christlichen Zeugnisses willen bleiben, denn nur so können wir erwarten, dass die Christen in unseren Gemeinden ihrerseits das Zeugnis auch leben.«

Hoffmann schließt seinen Beitrag mit der vorsichtigen Prognose:

> Was die Zukunft bringen wird, ist ungewiss... Alles kommt darauf an, welche Kräfte später tonangebend sein werden. So teilt die Kirche das Schicksal der Bevölkerung: Sie steht zwischen den Fronten – als Anwalt der gequälten Menschen aller Rassen.

Das war die Situation im Jahre 1979. Viel ist in der Zwischenzeit passiert. Wie sieht es heute in Simbabwe aus? Wie geht es den Menschen dort, wo Bischof Schmitt, Pater Possenti und Sr. Maria-Francis vor dreißig Jahren ermordet wurden?

Dazu aus einem Beitrag[35] von Karlheinz Hein-Rothenbücher, Geschäftsführer des Missionsärztlichen Instituts in Würzburg, nach einer Informationsreise vor Ort:

> Schon seit Monaten nährt sich in Simbabwe das Gerücht, Robert Mugabe werde zurücktreten. Bis heute hat der Präsident und Alleinherrscher des Landes, das er seit 1980 regiert, keine Anstalten dazu gemacht. Mit einer Machtclique seiner Partei (ZANU-PF) presst er sein ehedem reiches Land aus und treibt sein Volk in immer tiefere Verzweiflung. Nach der »gestohlenen Präsidentschaftswahl« im März 2002 und dem Freibrief zur »Landnahme« für die »Kriegsveteranen« haben sich politische Lähmung und wirtschaftlicher Rückschritt im Land breit gemacht. Aus einstigen Befreiungskämpfern sind politische Schlägertrupps und gewaltsame Landbesetzer geworden. Weiße Farmer wurden teilweise brutal enteignet und haben längst das Land verlassen; die einst produktiven Viehbetriebe in Matabeleland gehören heute »Kriegsveteranen«, Ministern und Parteibonzen...
>
> Wie ein Strudel entzieht die horrende Inflation den Menschen das zum Leben Notwendige. Die Inflationsrate liegt nach offiziellen Angaben bei knapp 500 Prozent, tatsächlich

35 Vgl. Missionsmagazin »mariannhill« 6/2002

> hat sie aber die 1000 Prozent überstiegen. Mehr als 70 Prozent der Menschen haben keine Arbeit; diejenigen, die noch Löhne beziehen, können sich mit den fast wertlosen Geldscheinen kaum mehr etwas kaufen. Nahrung, Wohnung und Transport werden unerschwinglich; Krankheit wird zur Notsituation für die ganze Familie. Die dramatische Folge dieser katastrophalen Politik ist der Hunger...

Dass Simbabwe auch steigende HIV/AIDS-Raten verzeichne, schreibt Hein-Rothenbücher weiter, sei angesichts solchen Elends kaum verwunderlich. Das Land gehöre zu den Regionen mit der höchsten AIDS-Prävalenz weltweit. Die Lebenserwartung sei von 68 auf 39 Jahre gesunken.

Die Stimme der Kirchen sei schwach; »Einschüchterungskampagnen« von Seiten der Mugabe-Partei hätten die christlichen Gemeinden tief verunsichert und gespalten. Gäbe es nicht einzelne mutige Priester, Ordensleute und Laien an der Basis, wäre es um ihr Zeugnis und die Ermutigung der Gläubigen schlecht bestellt:

> Zur eigentlichen und bisher auch einzigen Stimme der Kirche in der Verfolgung ist Erzbischof Pius Ncube aus Bulawayo geworden. Unerschrocken und unbeugsam spricht er die Wahrheit und macht die Regierung für die humanitäre Katastrophe verantwortlich... Seine Aussagen zum Unrecht, das Präsident Mugabe an seinem Volk verübt, sind stets

eindeutig und klar: »*Dieses Volk dient im Moment nur einem Mann, nämlich Robert Mugabe. – Das Volk hungert und wird verfolgt. – Unsere Jugend wird verführt und zu Kriminellen erzogen. – Das Recht auf Besitz wird mit Füßen getreten.*« Fürwahr, ein prophetischer Mann der Kirche mit dem Mut, selbst in einer Diktatur die Wahrheit auszusprechen!

Ich möchte diesen Situationsbericht über das heutige Simbabwe mit ein paar Sätzen aus einem Artikel von Frank Räther[36] abschließen:

> Simbabwes Präsident Robert Mugabe will seine Amtszeit per Verfassungsänderung bis ins Jahr 2010 ausdehnen. Dann stünde der heute 81-jährige drei Jahrzehnte an der Spitze des Landes...
>
> Um jeden Widerstand gegen seine Allmacht zu ersticken, hat Mugabe bereits vor einem Jahr die Wahlkreise zu Gunsten seiner ZANU-PF-Partei verändern lassen. So haben die Städte, in denen die Opposition ihre Anhänger hat und in denen zwei Drittel der Simbabwer leben, jetzt nur noch ein Drittel der Wahlkreise. Damit ist für Mugabe und seine Partei die Übermacht auf dem Land gesichert...
>
> Zudem hat Mugabe die städtische Bevölkerung durch seine von den UN als Vertreibung

36 Vgl. Kölner Stadtanzeiger vom 28. Dezember 2005

gebrandmarkte Operation »Müllbeseitigung« im abgelaufenen Jahr dezimiert. Über 700 000 Slumbewohner wurden aufs Land vertrieben und regelrecht in alle Winde zerstreut, damit sie sich nicht mehr organisieren können...
Für 2006 steht den Bürgern Simbabwes erneut eine Hungersnot bevor. Obwohl es Regen gab, wird mit einer erneuten Missernte gerechnet, sodass vier Millionen Menschen ausländische Nahrungsmittel brauchen. Staatliche Nahrungsmittel erhalten nur diejenigen, die als Anhänger von Mugabe gelten.
Da Simbabwes Exporte durch die Misswirtschaft weiter zurückgehen, sind Devisen knapp, sodass 2006 mit einer weiteren Verschlechterung der Lage gerechnet wird. Zugleich steigt die Inflation... Wirtschaftsexperte Eddie Cross errechnete, dass die Währung seit der Unabhängigkeit (1980) durch Mugabes Politik 99,9 Prozent ihres Wertes verloren hat. Wer kann, verlässt das Land; ein Viertel der Bevölkerung hat es schon getan...

Nachwort

Literaturhinweise und Danksagung

Die ersten Biografien der zehn in Rhodesien (Simbabwe) ermordeten Mariannhiller Missionare während des Bürgerkriegs erschienen in dem von Pater Adalbert Ludwig Balling herausgegebenen Sammelband »Keine Götter, die Brot essen, sondern Brükkenbauer zwischen Schwarz und Weiß«. Auf dieses umfassende Werk[37] wurde bereits mehrmals verwiesen. Es enthält die bisher umfangreichste biografische Skizze meiner Schwester Elsbeth (Sr. Maria-Francis van den Berg).

Fast zeitgleich erschien das zweibändige Werk[38] »Zeugen für Christus / Das Deutsche Martyrologium des 20. Jahrhunderts« herausgegeben von Prälat Dr. Helmut Moll im Auftrag der Deutschen Bischofskonferenz. Band II bringt ausführliche biografische Skizzen der sieben aus Deutschland stammenden Mariannhiller Märtyrer-Missionare, ebenfalls verfasst von Pater Adalbert Ludwig Balling.

37 Verlag Mariannhill Würzburg, 2001

38 Beide Bände erschienen bei Ferdinand Schöningh in Paderborn; 4. Auflage 2006. Der Grund, warum die anderen drei Mariannhiller nicht aufgenommen wurden, liegt in der Tatsache, dass jedes Land sein eigenes Martyrologium herausbrachte – in diesem Fall handelt es sich um je einen Mariannhiller Bruder aus der Schweiz und aus Österreich sowie um eine Missionsschwester aus Kärnten, Österreich

Dieses von Prälat Moll edierte Lexikon ist in vier große Kategorien eingeteilt:

I. Blutzeugen unter Hitlers Terror
II. Blutzeugen in der Zeit des Kommunismus
III. Märtyrer der Reinheit (martyrium puritatis)
IV. Blutzeugen aus den Missionsgebieten

Die Anregung zu diesem wichtigen Werk machte Papst Johannes Paul II. im Jahr 1994. Er, der seine eigene Jugend in der Nähe von Auschwitz verbracht hatte, schlug vor, eine alle Kontinente umfassende Märtyrergeschichte des 20. Jahrhunderts zu erstellen – und zwar bis zum Heiligen Jahr 2000.
Das »Deutsche Martyrologium ist also ein Teil des großen weltweiten Gesamtprojektes. Es enthält weit über 700 katholische Märtyrer und Märtyrerinnen, erwähnt aber auch einige nicht-katholische Glaubenszeugen, sofern sie in ökumenischen Gruppen tätig waren.
Prälat Moll geht u.a. der Frage nach: Wer ist ein Märtyrer? Nach welchen Kriterien kann eine Person in einem solchen Werk berücksichtigt werden? Ferner: Welche »Vorbedingungen« sind zu beachten, ehe ein Selig- bzw. Heiligsprechungsprozess begonnen werden kann? Verwiesen wird dabei auf die kanonischen Regeln und die Vorschriften der dafür zuständigen Kongregation in Rom.

Auf Sr. Maria-Francis van den Berg bezogen (um als Märtyrerin anerkannt zu werden) sind folgende drei Kriterien erfüllt:

1. Gewaltsamer Tod
2. Das Motiv des Glaubens- bzw. Kirchenhasses von Seiten des Verfolgers, Täters bzw. Mörders
3. Die bewusste innere Annahme des Willens Gottes trotz Todesbedrohung

Soviel zu den Literaturhinweisen und den in diesem Taschenbuch nur gestreiften, aber doch verwandten Themen, die gleichwohl von Bedeutung sein können. Jetzt aber noch ein ganz persönliches Wort des Dankes:

Zu großem Dank verpflichtet bin ich Sr. Editha Schuldheis. Sie hat uns (den Familien van den Berg / Abbing) mehrere persönliche Gegenstände von Sr. Francis zukommen lassen, zum Beispiel das kleine Ordenskreuz, das Missionskreuz und einige Rosenkränze – darunter auch der große Ordensrosenkranz. Diese Andenken übergebe ich dem Archiv des Mariannhiller Generalates in Rom, wo weitere wertvolle persönliche Gegenstände und Utensilien der anderen ermordeten Missionare verwahrt werden.

Ich möchte ferner Pater Adalbert Ludwig Balling danken für seine Mithilfe bei der Erstellung und Überarbeitung dieses Buches. Von ihm kam übrigens auch die Anregung zur Gedenktafel.

Schließlich gilt mein Dank den vielen Mariannhiller Missionsschwestern vom Kostbaren Blut, die uns nach der Ermordung Elsbeths so liebe und tröstende

Worte haben zukommen lassen. Vieles von dem, was sie schrieben, ist auch in diesem Band festgehalten worden. Somit war es möglich, auch den Leserinnen und Lesern dieser biografischen Skizze einen direkten Einblick in die Situation und Missionsarbeit zur Zeit des Bürgerkriegs zu vermitteln – und damit in das unmittelbare Umfeld meiner Schwester zur Zeit des mörderischen Überfalls.

Zum Schluss möchte ich sagen, dass ich sehr glücklich bin, Sr. Maria-Francis meine Schwester nennen zu dürfen – und dem Herrgott dankbar dafür, dass sie unter uns leben durfte. Möge ihr Opfertod zum Weizenkorn werden für spätere Generationen. Möge sie selbst, als Märtyrerin des Glaubens und der Nächstenliebe, auch Vorbild und Fürsprecherin für jene sein, die nach ihr kamen und bereit sind, ähnlich wie sie, Gott und den Menschen zu dienen. Möge den Menschen von Simbabwe Frieden geschenkt werden – und das Gespür der Dankbarkeit gegenüber denen, die einst von weither kamen, um ihnen die Frohbotschaft zu künden.

Franziska Abbing

Mariannhiller Geschenkbände
von Adalbert Ludwig Balling

»Wo man verstanden wird«, 64 S., kart., 4. Aufl.
»Das Glück wurde als Zwilling geboren«, 56 S., kt. 5. Aufl.
»Alle guten Wünsche wünsche ich Dir«, 40 S., kt., 22. Aufl.
»Freude – Eine Liebeserklärung an das Leben«, 56 S., 10. A.
»Dankeschön für Selbstverständliches«, 56 S., kt., 14. Aufl.
»Glücklich ist…«, 56 S., kart., 8. Aufl.
»Wissen, was dem andern wehtut«, 80 S., kart., 7. Aufl.
»Wer lobt, vergißt zu klagen«, 64 S, kart., 7. Aufl.
»Wenn die Freude an dein Fenster klopft«, 72 S., kt., 5. Aufl.
»Die Stunde der Rose«, 96 S., kart., 11. Aufl.
»Alles Liebe und Gute«, 64 S., kart., 9. Aufl.
»Und versuche gut zu sein ...«, 80 S., kart., 6. Aufl.
»Die Weisheit der Humorvollen«, 72 S., kart., 5. Aufl.
»Gott ist die Heimat der Menschen«, 80 S., kart., 5. Aufl.
»Segnen bringt Segen«, 80 S., kart., 11. Aufl.
»Bäume, Freude der Menschen« , 96 S., kart., 3. Aufl.
»Ein Brunnen in der Wüste«, 80 S., kart., 3. Aufl.
»Kinder – Träume und Geheimnisse Gottes«, 64 S., kt., 5. A.
»Jeder Tag ist ein kleines Licht«, 80 S., kart., 5. Aufl.
»Die Sonne ist für jeden da«, 80 S., kart., 3. Aufl.
»Öffne das Ohr deines Herzens«, 64 S., kart., 3. Aufl.
»Hand in Hand in guten Händen«, 80 S., kart., 4. Aufl.
»Reife Ähren neigen sich…«, 80 S., kart., 6. Aufl.
»Blumen – Gottes schönste Handarbeit«, 64 S., kart., 3. Aufl.
»Gute Worte machen Mut«, 88 S., kart. 6. Aufl.
»Es ist das Herz, das gibt …«, 72 S., kart., 3. Aufl.
»Zu Gast beim lieben Gott«, 80 S., kart., 3. Aufl.
»Tanzen vor Gott und den Menschen«, 80 S., kart., 2. Aufl.
»Von der Heil-Kraft des Gebetes«, 88 S., kart., 6. Aufl.
»Gott ist gut«, 72 S., kart., 2. Aufl.
»Freude darf nicht einsam sein«, 88 S., kart., 2. Aufl.
»Aus ihren Flügeln rauschen Liebesworte«, 96 S., kt., 2.A.
»Weisheit der Völker«, 64 S., kart., 2. Aufl.
»Ohne Liebe wäre alles umsonst«, 72 S., kart., 2. Aufl.
»Die Zeit, Gott zu finden«, 80 S., kart., 2. Aufl.
»Was tut der Wind, wenn er nicht weht?«, 80 S., kart.
»Gott ist ganz nah«, 72 S., kart., 2. Aufl.
»An der Sonnenseite Gottes«, 80 S., kart., 2. Aufl.

»Wer Freude schenkt, schenkt Hoffnung«, 64 S., kart., 2. A.
»Aller guten Dinge sind drei«, 80 S., kart.
»Für wen gehst du?«, 72 S., kart.
»Abenteurer in der Kutte«, 88 S., kart., 5. Aufl.
»Es gibt viele Wege zu Gott«, 96 S., kart.
»Mein Herz fließt über in froher Kunde«, 72 S., kart.
»Liebe rechnet nicht«, 88 S., kart., 2. Aufl.
»Ihr habt die Uhr, wir haben die Zeit«, 64 S., kart., 2. Aufl.
»Geh zur Ameise und werde weise«, 80 S., kart.
»Die schönste Sprache der Welt«, 64 S., kart.
»Wer Gott sucht, findet Freude«, 72 S., kart., 2. Aufl.
»Wo das Leben Liebe ist«, 88 S., kart.
»Was ich dir wünsche«, 48 S., kart., 5. Aufl.
»Vom Glanz und von der Kraft der Steine«, 88 S., kart.
»Gib der Seele einen Sonntag«, 80 S., kart.
»Suche die Weisheit bis nach China«, 80 S., kart.
»Was man mit Liebe betrachtet«, 80 S., kart.
»Ich wünsche dir Flügel für deine Wünsche«, 48 S., 2. Aufl.
»In Harmonie mit Gott und der Welt«, 64 S., kart.
»Die Welt ist ein Garten voller Wunder«, 76 S., kart.
»Wo der Tag den Saum der Nacht berührt«, 88 S., kart.
»Glück & Segen auf all deinen Wegen«, 48 S., kart., 4. Aufl.
»Gesammelte Licht-Blicke«, 64 S., kart.
»Ein fröhliches Herz ist die beste Medizin«, 80 S., kt., 2. Aufl.
»Dem Wort Gottes Zeit lassen«, 80 S., kart.
»Gott wird Gnade üben«, 88 S., kart.
»Reif werden heißt dankbar werden«, 72 S., kart., 2. Aufl.
»Alle Dinge schmecken nach Gott«, 88 S., kart.
»Wir sind geliebter als wir wissen«, 64 S., kart.
»Ein kleines Geschenk für dich«, 40 S., kart., 2. Aufl.
»Eine Hand voll Schweigen«, 80 S., kart.
»Licht für die dunklen Tage«, 88 S., kart.
»Gott lässt reifen«, 80 S., kart.
»In der Liebe leben – nicht nur in der Zeit«, 80 S., kart.
»Meine Lieblingsheiligen«, 88 S., kart.
»Gute Menschen lachen gern«, 88 S., kart., 2. Aufl.
»Nur wer schweigt, hört Gott«, 64 S., kart.
»Auf der Waage Gottes werden nur die Herzen gewogen«, 80 S., kart.
»Auch der liebe Gott hat Humor«, 80 S., kart.
»Nur der Liebende versteht Gott«, 80 S., kart.
»Menschen wie Wind und Wolken«, 80 S., kart.
»Ein Backofen voller Liebe«, 72 S., kart.

Weitere Publikationen von Adalbert Ludwig Balling:

»Liebe macht keinen Lärm«, 392 S., Pappband
»Wer sich erinnert, lebt glücklicher«, 416 S., SW-Fotos, geb.
»Menschen, die mir Mut machten«, 400 S., SW-Fotos, geb.
»Eine Spur der Liebe hinterlassen«, 424 S., kart., 2. Aufl.
»Keine Götter, die Brot essen«, 308 S., kart.
»Der braune Abt von Mariannhill«, 336 S., Pappband
»Thandabantu – der Wandermönch von Triashill«, 368 S., Pappband

Bestellen Sie unsere Geschenkbände telefonisch, per Fax, Brief oder E-mail

Beuroner Kunstverlag
Abteistraße 2
88631 Beuron

Tel.: 0 74 66/17-2 28
Fax: 0 74 66/17-2 09
info@beuroner-kunstverlag.de